Essentials liefern aktuelles Wissen in konzentrierter Form. Die Essenz dessen, worauf es als „State-of-the-Art" in der gegenwärtigen Fachdiskussion oder in der Praxis ankommt. Essentials informieren schnell, unkompliziert und verständlich

• als Einführung in ein aktuelles Thema aus Ihrem Fachgebiet
• als Einstieg in ein für Sie noch unbekanntes Themenfeld
• als Einblick, um zum Thema mitreden zu können

Die Bücher in elektronischer und gedruckter Form bringen das Expertenwissen von Springer-Fachautoren kompakt zur Darstellung. Sie sind besonders für die Nutzung als eBook auf Tablet-PCs, eBook-Readern und Smartphones geeignet.

Essentials: Wissensbausteine aus Wirtschaft und Gesellschaft, Medizin, Psychologie und Gesundheitsberufen, Technik und Naturwissenschaften. Von renommierten Autoren der Verlagsmarken Springer Gabler, Springer VS, Springer Medizin, Springer Spektrum, Springer Vieweg und Springer Psychologie.

John Erpenbeck • Werner Sauter

# Kompetenzentwicklung mit humanoiden Computern

## Die Revolution des Lernens via Cloud Computing und semantischen Netzen

Prof. Dr. John Erpenbeck
Steinbeis Universität
Berlin
Deutschland

Prof. Dr. Werner Sauter
Blended Solutions GmbH
Berlin
Deutschland

ISSN 2197-6708
essentials
ISBN 978-3-658-09934-3
DOI 10.1007/978-3-658-09935-0

ISSN 2197-6716 (electronic)

ISBN 978-3-658-09935-0 (eBook)

Die Deutsche Nationalbibliothek verzeichnet diese Publikation in der Deutschen Nationalbibliografie; detaillierte bibliografische Daten sind im Internet über http://dnb.d-nb.de abrufbar.

Springer Gabler


Gedruckt auf säurefreiem und chlorfrei gebleichtem Papier

Springer Fachmedien Wiesbaden ist Teil der Fachverlagsgruppe Springer Science+Business Media
(www.springer.com)

# Die Zukunft hat schon begonnen!

Wie unter anderem die FAZ berichtete, hat IBM seinen neuen Supercomputer in der Cloud mit dem Namen *Watson* vorgestellt. Seine Leistungsfähigkeit wird mit folgendem Beispiel verdeutlicht:

… Watsons erster öffentlicher Test kreiste um die Frage, ob der Verkauf von Videospielen an Minderjährige verboten werden sollte. Bevor er eine Antwort gab, verkündete er innerhalb von Sekunden:
*„Ungefähr vier Millionen Wikipedia-Artikel gescannt, davon die zehn relevantesten behalten. Alle 3.000 Sätze in den zehn Top-Artikeln gescannt. Sätze, die Behauptungen der Debattierer enthalten, entdeckt. Umrisse dieser Behauptungen identifiziert. Die Pro- und Contra-Polarität der Behauptungen der Debattierer abgewogen. Eine Rede mit den Voraussagen der Top-Behauptungen ausgearbeitet. Lieferbereit!"*
FAZ 25. Juni 2014, Seite 11

Lernen heißt bei diesem kognitiven System also deutlich mehr als speichern und analysieren. Nicht länger bedarf es menschlicher Mithilfe, um aus dem Wissensvorrat und permanenten Wissensnachschub (in der Cloud) ebenso unaufhörlich neue, eigene Schlüsse zu ziehen. Der Computer lernt selbst. Und denkt selbst. Damit wird er zu einem *humanoiden Computer.*[1]

*Was bedeutet dies für die betrieblichen Lernsysteme 2025? Wie können wir uns auf diese Revolution der Lernsysteme bereits heute einstellen?*

---

[1] Vgl. BITKOM (2015).

Der Mensch[2] verliert in den kommenden zehn Jahren seinen Alleinvertretungsanspruch auf das Denken. Stellen sich schon heute bei Coaching-Prozessen oft gegenseitige Beziehungen ein, die man zutreffend als *Co-Coaching* bezeichnen kann, resultiert nun ein *Computer-Co-Coaching,* das heißt, der Computer übernimmt die Rolle eines Entwicklungspartners, ist nicht mehr nur technischer Gehilfe, Gerät, Instrument, sondern *Lernpartner* im eigentlichen Kompetenzentwicklungsprozess.

Wir stehen vor einer der größten Revolutionen des menschlichen Lernens, und damit des menschlichen Denkens. *Schulen* und *Universitäten* schreiben sich Kompetenzentwicklung als wichtigstes Ziel auf die Fahnen, auch wenn sie meist noch auf der Ebene des Wissensaufbaus und der Qualifikation stehen bleiben. Vor allem große *Unternehmen* orientieren ihre Personalarbeit zunehmend an Kompetenzmodellen. Gefragt sind Mitarbeiter, die sich in neuen, unerwarteten, Selbstorganisation und Kreativität fordernden Situationen, glänzend bewähren. Mitarbeiter, die kompetent sind.

*Kompetenz wird zum wichtigsten Lernziel.*

Die Revolution des Lernens wird durch zwei Sachverhalte ausgelöst, die beide mit der exponentiellen Entwicklung moderner Informationstechnik zusammenhängen.

- Erstens ist die moderne Informationstechnik zum Treiber der technologischen Entwicklung auf fast allen Gebieten geworden und führt zu Entwicklungsgeschwindigkeiten von Technik und Industrie, Kultur und Politik, die mit klassischem Vorratslernen überhaupt nicht mehr zu beherrschen sind.
- Zweitens liefert die moderne Informationstechnologie zugleich die Mittel, die neuen Entwicklungen doch und wieder zu beherrschen.

Wir nennen die zukünftigen, menschenähnlich agierenden Rechner *humanoide Computer* (auch Humancomputer, Human Computer, kognitive Computer).[3] Mit dieser Bezeichnung wollen wir ausdrücken, dass sie, ähnlich wie Menschen, Problemstellungen erfassen, analysieren, bewerten und unter Nutzung der Möglichkeiten des Netzes lösen können. Sie haben eigene Meinungen, die sie auch kritisch äußern, und entwickeln von sich aus Lösungsvorschläge. Dabei nutzen sie ihr Er-

---

[2] Der Inhalt der vorliegenden Publikation bezieht sich in gleichem Maße auf Frauen und Männer. Aus Gründen der besseren Lesbarkeit wird jedoch die männliche Form für alle Personenbezeichnungen gewählt. Die weibliche Form wird dabei stets mitgedacht.

[3] Vgl. dazu Jeffery, M. (2000); Scheibner, A. (2002); BITKOM (2015).

fahrungswissen aus früheren Entscheidungen des Lerners, sodass sie im Laufe der Zeit auch dessen emotionale und motivationale Wertungen und dessen Wertesystem verinnerlichen und in ihre Vorschläge mit einbeziehen. Es wird dadurch möglich sein, Kompetenzentwicklung mit Hilfe des Lernpartners Computer auf einem bisher nicht möglichen Niveau zu optimieren.

*Human Computer ermöglichen Kompetenzentwicklung im Netz mit Computer-Co-Coaching.*

Schon heute werden in vernünftigen beruflichen Bildungsprozessen die eigentlichen Kompetenzen im Prozess der Arbeit erworben.[4] Unter den neuen Bedingungen der digitalen Produktivkräfterevolution stehen jetzt aber zwei Lerner – der Mensch und der Human Computer – dem Arbeitsprozess gegenüber, erwerben Wissen und damit die Grundlage für Kompetenzen, die sie untereinander austauschen und handelnd reflektieren. Eine neue Art von Lernhandeln etabliert sich. Wir wollen von *trialem Lernen* sprechen.

*Triale Kompetenzentwicklung optimiert das Lernen im Arbeitsprozess mit menschlichen Lernpartnern und dem Lernpartner Computer.*

Sind Computer im Web 1.0 hauptsächlich Datenverarbeiter und stellen im Web 2.0 vor allem die Verknüpfungspunkte menschlich-sozialer Beziehungen dar, so gewinnen sie in den nachfolgenden Formen von Vernetzungen, die häufig mit Web 3.0, Web 4.0 o. Ä. bezeichnet werden, ein zunehmendes Gewicht als soziale Akteure, mit Verstand und gefühlsartigem Handeln, mit Sachwissen und Bewertungen, die sie teils übernommen, teils aber auch selbstorganisiert und kreativ generiert haben. Die umfassende Bedeutung von Termini, Aussagen und Operatoren, die ganze Vielfalt der Sach- und Wertaspekte, die ganze „Bedeutung der Bedeutung" kommt in den so entstehenden semantischen Netzen ins Kommunikationsspiel. Diese *Semantisierung der Netze* ist eine entscheidende, alle Aspekte künftigen Lernhandelns durchdringende Neuerung.

*Semantische Netze ermöglichen wert- und deutungsbezogene Kommunikation im Netz mit dem Human Computer.*

Dass man in Clouds und mit Clouds hantiert, gehört inzwischen zum Lebens- und Lernalltag. Aber was sind eigentlich die in solchen Clouds enthaltenen „Gegenstände"? Was ist ihr Sein? Welchen Gesetzmäßigkeiten und Veränderungen unterliegen sie? Dies sind Fragen, die die *Ontologie* zu beantworten versucht. Darunter versteht man formale Beschreibungen von Daten sowie Regeln über deren Strukturen und Zusammenhang. Mithilfe dieser Regeln lassen sich Rückschlüsse aus den vorhandenen Daten ziehen, Widersprüche in den Daten erkennen und manchmal fehlendes Wissen aus dem Vorhandenen ergänzen. Solche Rückschlüsse werden dem Ideal nach durch logisches Folgern abgeleitet.

---

[4] vgl. Reuther, U. (2007), S. 87 ff.

*Clouds und ihre Inhalte, in Ontologien erfasst, bilden den Ausgangspunkt trialer Kompetenzentwicklung im Netz.*

Das neue Lernen ist also, unserer Überzeugung nach, von fünf fundamentalen Perspektiven beherrscht. Wir nennen sie:

1. *Kompetenzperspektive:* Entwicklung kreativer, selbstorganisierter Handlungsfähigkeit statt Wissensvorrat.
2. *Co-Coaching-Perspektive*: Co-Coaching als wichtigste Lehr-Lern-Form, Human Computer als Co-Coaches.
3. *Perspektive Triales Lernen:* Menschliches Lernen im Austausch mit Human Computern und menschlichen Lernpartnern.
4. *Semantisierungsperspektive:* Volle Entfaltung semantischer – wert- und deutungsbezogener – Kommunikation im Netz mit Human Computer.
5. *Ontologisierungsperspektive:* Clouds und ihre Inhalte, in Ontologien erfasst, als Ausgangspunkt trialer Kompetenzentwicklung im Netz.

Die Zukunft hat schon begonnen, wie das Beispiel Watson eindrücklich zeigt. Bereits heute nutzen vor allem große Unternehmen kompetenzorientierte Lernsysteme mit Blended Learning und Web 2.0. Die zunehmende Akzeptanz von Social Software in der Gesellschaft wirft für betriebliche Lernsysteme die Frage auf, wie künftige soziale Netze des Web 3.0, des Web 4.0. usw. Lernende Organisationen ermöglichen können, in denen sich die Kernkompetenzen der Organisation und die Kompetenzen der Mitarbeiter systematisch weiterentwickeln.

In den nächsten zehn Jahren werden Human Computer von Dienern zu Partnern des Menschen, auch zu Partnern im menschlichen Lernprozess. Der Lernpartner Computer wird in naher Zukunft zur Realität. Bald stehen Großrechner mit der Kapazität des menschlichen Gehirns zur Verfügung. In den zwanziger Jahren unseres Jahrhunderts wird es massenhaft in Clouds verankerte Computer und Computersysteme geben, die diese Kapazität besitzen. Human Computer werden Tandempartner in selbstorganisierten Lernprozessen.

Das Lernen in und mit solchen Systemen verändert alle unsere Lerngewohnheiten in dynamischer Form. Die Anforderungen an Bildungsplaner, Lernbegleiter (Trainer, Tutoren, Coaches, Mentoren…) und vor allem an die Lerner selbst verändern sich fundamental und mit wachsender Geschwindigkeit. Gleichzeitig wandeln sich Handlungs- und Lernroutinen, die teilweise über Jahrzehnte angeeignet wurden, aber nur sehr langsam.

Deshalb untersuchen wir, welche Möglichkeiten die aktuellen Entwicklungen der Computertechnologie für das betriebliche Lernen eröffnen. Wir beschreiben Trends im betrieblichen Lernen unter dem Aspekt der Entwicklung webbasierter

Lerntechnologien. Wir zeigen aktuelle Entwicklungslinien des Lernens auf und geben Hinweise für die Entwicklung von innovativen betrieblichen Lernsystemen in der Zukunft. Schließlich leiten wir konkrete Gestaltungsempfehlungen für innovative Lernkonzeptionen ab.

Unser Essential soll Entscheidern und Gestaltern betrieblicher Bildungssysteme eine langfristige Orientierung geben. Dazu gehören insbesondere:

1. *Entscheider im Personalbereich von Unternehmen:* Geschäftsführer, Personalleiter, Personalentwicklungsleiter etc.
2. *Bildungsplaner in Unternehmen:* Personalentwickler, Leiter betrieblicher und überbetrieblicher Akademien, Bildungsreferenten, Bildungsberater etc.
3. *Trainer und Tutoren*
4. *Coaches und Mentoren:* Direkte und obere Führungskräfte, Experten etc.

Dieses Essential basiert auf unseren Erfahrungen und Erkenntnissen, die wir in den vergangenen zwei Jahrzehnten mit innovativen Lernsystemen sammeln konnten und die wir in einer Reihe von Fachbüchern und Artikeln publiziert haben.[5] Wir wollen mit dieser Veröffentlichung dazu beitragen, die notwendigen Veränderungsprozesse in den Unternehmen und bei Bildungsanbietern mit zu initiieren.

Es wird spannend zu beobachten sein, wie sich die betriebliche Bildungslandschaft in den kommenden Jahren verändern wird. Wir müssen uns auf jeden Fall schon jetzt auf die Veränderungen im Lernbereich einstellen, um die beteiligten Führungskräfte, Personalentwickler, Trainer und vor allem die Lerner rechtzeitig auf die Lernsysteme der Zukunft vorbereiten. Zukünftig wird nicht mehr die Technologie, sondern der Mensch der limitierende Faktor in unseren Lernsystemen sein.

Deshalb schreiben wir dieses Essential.

Berlin, im April 2015                                                                John Erpenbeck
                                                                                      Werner Sauter

---

[5] Dieses Fachbuch baut vor allem auf unseren Erfahrungen und Erkenntnissen auf, die wir insbesondere in dem Werk Erpenbeck, J.; Sauter, W. (2013) sowie Sauter, S.; Sauter, W. (2014) publiziert haben.

# Inhaltsverzeichnis

# So werden wir 2025 lernen!

**1**

Wir machen zunächst eine kleine Zeitreise ins Jahr 2025:

*Nahrung und Wasser sind knapp geworden. In vielen Ländern der Welt haben Verteilungskämpfe Opfer gefordert. Die traditionellen Formen der Wasserbewirtschaftung sind an ihren Grenzen angelangt. Aufforstungen, Tiefbrunnen, Filtertechniken. Was tun?*

*Klas Roder ist Leiter einer kleinen Berliner Firma, die gegenwärtig Meerwasserentsalzungsanlagen für einige Länder des Nahen Ostens herstellt, aber massiv expandieren will.*

*Vor Kurzem ist seinem Team eine atemberaubende Neuentwicklung gelungen: Eine neuartige Form ionenselektiver Membranen reagiert aktiv auf den Salzgehalt und auf die Zusammensetzung des Wassers, optimiert den Durchfluss und die Filtergüte. Dadurch können die Durchsatzgeschwindigkeiten bei nur geringfügig gesteigertem Energiebedarf verzehnfacht werden.*

*Das Grundprinzip der Neuentwicklung ist patentrechtlich gesichert, der enge Kreis von Spezialisten weltweit hat es zur Kenntnis genommen. Doch hunderte Fragen sind ungeklärt.*

- *Technische Fragen: Wie kann die Geometrie optimiert, wie können Strömungswiderstände minimiert werden? Wie kann das Prinzip chemischer Selbstregulation weiter verbessert werden? Wie können die teilweise teuren ionenselektiven Substanzen durch billigere abgelöst werden?*
- *Ökonomische Fragen: Wie kann die Erfindung so vermarktet werden, dass sie Gewinn abwirft, das Produkt aber für die Länder, die es bitter brauchen, erschwinglich wird? Wie kann man beziehungs- und werbemächtige Wettbewerber vom Markt drängen? Und schließlich: Wo lässt es sich am günstigsten für die betroffenen Länder produzieren?*

© Springer Fachmedien Wiesbaden 2015
J. Erpenbeck, W. Sauter, *Kompetenzentwicklung mit humanoiden Computern,*
essentials, DOI 10.1007/978-3-658-09935-0_1

- *Ethische Fragen: Wie sichert man, dass Teile der Produktion unentgeltlich an die Länder gehen, die von Durst- und Hungerkatastrophen geplagt sind? Wie hilft man den Kindern, deren entsetzlich traurige Gesichter durch die Tagespresse öffentlich gemacht wurden?*
- *Politische Fragen: Wie vermeidet man, dass der Einsatz des Produkts Misswirtschaft und diktatorisches Vorgehen stützt? Wie kann das Produkt helfen, die politisch-sozialen Menschenrechte zu bewahren oder durchzusetzen?*

*Roder hat ein hervorragendes kleines Team, das ihn unterstützt, aber er weiß auch: Die eigentliche Lern- und Entscheidungsleistung liegt bei ihm. Einzelfragen kann er delegieren, Kernfragen muss er begreifen und bewerten. Hier kommen ihm die modernen Mittel des Lernens und der Kompetenzentwicklung zugute: Kommunikationsmittel, vieldimensionale Vernetzungen in alle Welt, sein Human Computer Leo, eingebunden in Wolken von Sach- und Wertwissen, logisch perfekt und semantisch – also deutend und Bedeutungen abwägend – auf der Höhe des Tages und der Zeit.*

*Leo gehört zur neuesten Generation von Human Computern für verschiedenste Dimensionen und Problemsituationen, deren Prozesskapazität die des menschlichen Gehirns übersteigt. Leo kann nicht nur Informationen blitzschnell zusammenstellen, auswerten und filtern, er hat auch eigene Meinungen und Ansichten. Er erteilt Klas Roder Ratschläge und opponiert bei Entscheidungen, die ihm falsch erscheinen, er hat Ideen, auf die sonst niemand gekommen wäre; er kommt menschlichem Denken verdammt nahe. Er ist ein Tandempartner, ein Kamerad, der zuweilen als blitzschneller Datenverarbeiter, zuweilen als grandioser Analytiker, zuweilen als kreativer Erfinder, zuweilen aber auch als Spinner erscheint.*

*Und so läuft der Tag: Zwei Forscher aus Uruguay haben eine anscheinend brauchbare Idee, das neue Produkt noch weiter zu vervollkommnen. Roder diskutiert mit ihnen via Cloud, wo er Möglichkeiten und wo er Probleme sieht, den neuen Gedanken einzubringen. Zuletzt kommen die drei Diskutanten auf eine weiterführende Idee. Roder holt den Chef des Physikerteams dazu, die beiden Forscher beziehen einen Elektrochemiker ein. Er bringt Wissen und Erfahrungen ein, die allen anderen beträchtlich weiterhelfen. Lernen ist angesagt.*

*Nach dieser über einstündigen Runde geht Roder zusammen mit seinem ökonomischen Leiter in eine Verhandlung über Absatzchancen und Entwicklungsmöglichkeiten weltweit. Vierzehn assoziierte Chefs eigenständiger Marktforschungsfirmen unterrichten von der politischen Situation, von Machtkämpfen in zwei der wichtigsten Zielgebiete von Entsalzungsanlagen, von weltweiten Bemühungen, Großwetterlagen zu beeinflussen und damit katastrophische Defizite zu mildern. Leo analysiert diese Informationen und steuert die Ansicht bei, nach gegenwärtigem Wissensstand sei den meteorologischen Ideen keine Bedeutung zuzumessen. Roders weltwirtschaftliche und politische Urteilsfähigkeit hat sich in dieser Diskussion massiv weiterentwickelt. Ein neuer Absatzmarkt, von einem der Marktfor-*

*scher erwähnt, tritt in das Blickfeld der Firma. Leo unterstützt den Gedanken, sich dort umzutun, indem er nach ihrer Bedeutung geordnete Informationen zusammenstellt und damit seine Unterstützung begründet.*

*Am Nachmittag haben sich die Vertreter von drei Non-Profit-Organisationen angemeldet, die Roder dringend bitten, seine Entscheidungen über die Einführung des neuen Produkts noch einmal zu überdenken. Sie zeigen Bilder und Berichte von Katastrophenfolgen, die geeignet wären, das härteste Gemüt zu erweichen. Roder ist den Tränen nahe, die Wertmanagerin weint hemmungslos, Leo zeigt klare Zeichen von Traurigkeit. Eine kurzfristig einberufene Runde der Männer und Frauen der Firma führt zu einer Änderung der Absatzstrategie, deutlich mehr ethisch betont und Verluste tolerierend.*

*Den Abend verbringt Roder mit einem aus Russland angereisten Politiker, der die gegenwärtige politische Lage aus seiner Sicht analysiert und die Fragen des Menschheitserhalts auf ganz neue, ganz andere Weise gelöst sehen will. Technisch neue Möglichkeiten, Ernährungs- und Wasserkatastrophen vorzubeugen, stehen dabei im Mittelpunkt seiner Überlegungen. Ein Verbündeter? Roder hat gewisse Vorurteile, Leo sagt ihm dies auf den Kopf zu und hat eine unerwartet positive Haltung zu dem Politiker, weil dessen Einschätzungen den seinen nahekommen. Der junge Unternehmer geht mit einer geänderten Weltsicht ins Bett.*

Ein Tag des Lernens, ein Tag der Kompetenzentwicklung liegt hinter ihm: Er hat neuestes Fachwissen geliefert bekommen, das er aber nicht als tote Wissensbestände abgespeichert, sondern als bewertete, für sein selbstorganisiertes und kreatives Handeln dienliche *Fach- und Methodenkompetenzen* eingemeindet hat. Er hat seine Kompetenzen aber auch dadurch erweitert, dass er ethische Werte tief verinnerlicht, „interiorisiert", und politische Werte wägend neu einbezogen hat. Das ermöglicht ihm nicht nur, die persönlichen Werte und Ideale und damit die *personalen Kompetenzen* weiterzuentwickeln, sondern auch mit seinen Mitarbeitern, seinen Geschäftspartnern, seinen wirtschaftlichen und politischen Bezugspersonen intensiver und fruchtbarer zu kommunizieren, also seine *sozial-kommunikativen Kompetenzen* zu erweitern. Das alles führt auch dazu, dass sich seine Fähigkeiten, aktiv unternehmerisch zu handeln, also seine *aktivitätsbezogenen Umsetzungskompetenzen* weiter entfalten.

## 1.1   Erste Schlussfolgerungen

Das kleine Beispiel zeigt die großen Veränderungen des Lernens, morgen und übermorgen. So wird sofort klar:

1. Lernen ist von der eigenen Kompetenzentwicklung nicht mehr zu trennen und erfolgt bevorzugt im Prozess der Arbeit selbst; Weiterbildungs- und Trainings-

angebote werden aktiv gesucht und zeitnah einbezogen, bilden aber nicht das Zentrum des Lernens. Das heißt:

*Ohne Lernen im Prozess der Arbeit geht gar nichts.*

2. Lernen 2025 setzt eine qualitativ höhere Vernetzung von menschlichen Lern- und Kooperationspartnern und von Human Computern als Lernpartner voraus – über Kanäle, die nicht nur Sachwissen, sondern auch Urteile und emotional-motivationale Bewertungen zu kommunizieren gestatten. Dafür bietet sich das Cloud Computing an, das die Arbeits-, Gesprächs- und Lernpartner auf eine gänzlich neue, Sach- und Wertwissen zugleich austauschende Weise miteinander verknüpft.

   *Ohne Lernen via Cloud Computing geht gar nichts.*

3. Je schneller die Bestände von Informationswissen wachsen, je schneller die Denk- und Arbeitsanforderungen sich ändern, von sachlichen Gegebenheiten wie von Kundeninteressen gleichermaßen getrieben,, desto wichtiger wird es, die Bedeutungen von Sachverhalten, Eigenschaften, Relationen, Prozessen, Entwicklungen, Entdeckungen und Erfindungen abzuschätzen und zu vergleichen. Auf der Ebene des Fühlens, Denkens und Sprechens kommt damit der Kommunikation von Bedeutungen, also der Semantik, eine neue, schnell wichtiger werdende Rolle zu.

   *Ohne Lernen in semantischen Netzen, ohne semantische Erwägungen geht gar nichts.*

4. Wissen „an sich" steht schnell zunehmend zur Verfügung, es ist, wenn man es zu gewichten und werten versteht, die Basis des Handelns, nicht mehr. Die eigentliche Handlungsfähigkeit wird durch Kompetenzen hergestellt, also durch die Fähigkeit, selbstorganisiert und kreativ zu handeln. Das Wissen ändert sich zu schnell, um Urteile über Personen oder Teams aufgrund der in ihnen versammelten Informationen zu fällen. Wer heute viel weiß, weiß morgen zu wenig, oder auch zu viel Überflüssiges, was auf das Gleiche hinausläuft.

   *Ohne Kompetenzen, ohne den Gewinn von Fähigkeiten zum selbstorganisierten, kreativen Handeln geht gar nichts.*

5. Auf der individuellen Ebene bilden Emotionen und Motivationen, also interiorisierte, zu eigenen Gefühlen umgewandelte Werte, die eigentlichen Kompetenzkerne. Wer nicht emotionale Wertungen in sein Handeln einschließt, wer nicht bereit ist, seine emotionalen Wertungen immer wieder neu und erfolgreich zu verankern, gleichsam in spezifischen Prozessen der „Wertaneignung", der wird schon morgen, spätestens übermorgen beim Lernen Schiffbruch erleiden, auf die Klippen des angehäuften Wissensschotters auflaufen. Ohne Gefühle, ohne emotionale Veränderungen gibt es zukünftig kein wirkungsvolles Lernen.

   *Ohne Gefühl geht gar nichts.*

Wie lässt sich ein Lernen, eine Kompetenzentwicklung, die von solchen Überzeugungen ausgeht, überhaupt begreifen, gar als Lernprozess optimieren? Wie lässt dieser sich im Sinne einer Ermöglichungsdidaktik[1] gestalten? Wir müssen das Lernen neu lernen, privat wie auch in betrieblichen Lernsystemen. Die Chancen und Risiken des neuen Lernens, morgen und übermorgen, wollen wir analysieren. Wir sind keine Propheten, glauben aber, dass sich heute schon einige Zukunftstrends umreißen lassen und dass wir uns heute bereits auf die zukünftigen Veränderungen im Bildungssystem einstellen müssen. Das wollen wir versuchen. 2025 ist noch über zehn Jahre Zukunft entfernt.

Aber was sind schon zehn Jahre in historischen Dimensionen?

## 1.2    Wohin wird unsere Lernzukunft führen?

Bevor wir uns den einzelnen Zukunftsfeldern des Lernens zuwenden, werden wir die Zukunftstrends analysieren, von denen wir überzeugt sind, dass sie unser zukünftiges Lernen und Leben beherrschen werden. Dabei werden wir zunächst die umrissenen Trends Gesichtspunkten zuordnen, wie sie bei der Beschreibung von Lernprozessen traditionell üblich sind: Lernorte, Lerninhalte, Lernwege, Lernformen etc. Wir werden schildern, wie sich diese Prozesse radikal und unumkehrbar verändern. Zugleich werden wir herauszufinden versuchen, wie sie mit den Informationstechnologien der Zukunft verknüpft sind, ja, wie diese Technologien mehr und mehr Einfluss auf die Lernprozesse selbst gewinnen.

### 1.2.1    Lernorte

Lernen ist von der eigenen Kompetenzentwicklung nicht mehr zu trennen und erfolgt bevorzugt im Prozess der Arbeit selbst. Arbeiten heißt Lernen und Lernen findet im Verlauf des Arbeitens statt – auf individueller wie auf organisationaler Ebene.[2]

*Ohne Lernen im Prozess der Arbeit geht gar nichts.*

Dass die Rolle des Lernens im Prozess der Arbeit stetig zunimmt, ist keine Frage und wird auch von niemandem ernstlich in Frage gestellt. Die Diskussionen beginnen erst da, wo gefragt wird: Was und wie wird da eigentlich gelernt?

Nehmen wir, um das zu verdeutlichen, einen Arzt. Dass er im Prozess der Arbeit, am Krankenbett, im Operationssaal, in der Notfallsituation die notwendigen Sach-

---

[1] Vgl. Arnold, R. (2013).
[2] Meier, C.; Seufert, S. (2012), S. 6.

und Fachinformationen, die er im hochangespannten, emotionalen Moment des Tätigseins braucht, nicht lernen kann, sondern sie blitzschnell parat haben muss, ist klar. Keiner möchte im Krankheitsfalle von einem Chirurgen operiert werden, der zwischendurch Fachbücher wälzen muss, um die richtige Entscheidung zu treffen. Andererseits wissen wir aus den oft wiederholten Untersuchungen von Kirkpatrick (1976, 2009[3]), dass bei frontal dargebotenem Wissen, bei Seminaren und Weiterbildungsveranstaltungen im klassischen Sinne nur etwa 7 bis 8 % des Gelehrten in der späteren Arbeit auch wirklich wirksam werden. Ein höchst ungünstiges Verhältnis – niemand würde ein Unternehmen betreiben, dessen Effizienz bei 7 bis 8 % stagniert.

Lernen, Kompetenzentwicklung im Prozess der Arbeit, ist also nicht mehr und war vielleicht nie ein netter Nebeneffekt des beruflichen Handelns. Wir haben es vielmehr mit dem eigentlichen Kernprozess der beruflichen Kompetenzentwicklung zu tun. Zukunftslernen wird diesen Prozess mehr und mehr begreifen, gestalten und in die Personalentwicklung einbauen – sicher auf Kosten klassischer betrieblicher Weiterbildung. Dort, wo Wissensstoff neu und intensiv angeeignet werden muss, wird dies in Formen geschehen, die sich vom Frontalunterricht vollkommen unterscheiden, die den ganzen Menschen, die seine wirklichen Interessen, seine Bedürfnisse und seine Neugier, kurzum seine Emotionen und Motivationen meisterhaft einbeziehen.

Eine kompetenzorientierte Ermöglichungsdidaktik stellt also gewissermaßen die Antwort auf die Frage nach dem wichtigsten Lernort vom Kopf auf die Füße: Lernen und Handeln fließen zusammen.

*Der Arbeits-, der Handlungsprozess selbst wird zum wichtigsten Lernort.*

Betrachtet man die Entwicklungen der modernen Informationstechnologien, hat diese Feststellung eine doppelte Pointe. Unser Klas Roder erwirbt einerseits seine Kompetenzen im Umgang mit der sich stetig erneuernden, erweiternden, differenzierteren Technik. Sein Arbeitsort, der Netzpunkt, den er mit seiner Arbeit repräsentiert, ist für ihn der wichtigste Lernort. Wir haben es erlebt. Andererseits wird die moderne Technologie selbst, der Computer, die Software, das Netz, die Cloud für immer mehr Menschen zum Arbeitsplatz, an dem sie ihre Kompetenzen erwerben. Arbeitsplätze, an denen weder das eine noch das andere zutrifft, gibt es immer weniger.

*„Digital aliens"[4] bilden zunehmend die Ausnahme.*

---

[3] Vgl. Kirkpatrick, D. L.; Kirkpatrick, J. D. (4. Aufl. 2012).

[4] Digital Fremde, d. h. vor 1950 geborene Nutzer digitaler Systeme, für die diese Welt angeblich fremd ist.

## 1.2.2   Lernprozesse

Auf der individuellen Ebene bilden Emotionen und Motivationen, also verinnerlichte, zu eigenen Gefühlen umgewandelte Werte, die eigentlichen Kompetenzkerne.

*Ohne Gefühl geht gar nichts.*

Wissen „an sich" steht, schnell zunehmend, zur Verfügung. Die eigentliche Handlungsfähigkeit wird durch Kompetenzen hergestellt.

*Ohne Kompetenzen, ohne den Gewinn von Fähigkeiten zum selbstorganisierten, kreativen Handeln geht gar nichts.*

Die Antwort auf die Frage nach den wichtigsten Lernprozessen und ihren Determinanten wird durch eine kompetenzorientierte Ermöglichungsdidaktik ebenfalls vom Kopf auf die Füße gestellt.

Schleichend hat sich in den letzten Jahren eine Emotionalisierung und Handlungsorientierung des Lernens vollzogen. Wir sehen darin einen Trend, der weit in die Zukunft reicht, der die zukünftigen Lernprozesse maßgeblich bestimmt. Warum? Gerald Hüther, von dem wir auch die axiomatische Aussage „Ohne Gefühl geht gar nichts" entlehnten, gibt dafür eine einleuchtende Begründung: „Nun ist es so, dass wir niemals etwas wahrnehmen können, etwas lernen können oder etwas tun können, ohne dass das auch mit irgendeinem Gefühl einhergeht.

In unserem rationalen Zeitalter des vergangenen Jahrhunderts hat man gedacht, wir könnten sozusagen Menschen zu Maschinen machen, die nur noch rational denken. Gefühle waren etwas, was man gar nicht wollte. Es störte auch nur, wenn die Leute Gefühle hatten. Man hat so getan, als könne man die Gefühle einfach mal wegstreichen. Und nun stellt sich plötzlich heraus, dass Gefühle gar nicht wegstreichbar sind. Menschen haben in jeder Situation auch eine Bewertung dessen, was da passiert, und das geht mit einem Gefühl einher. Das Gefühl spüren Sie im ganzen Körper, das sind dann sogenannte somatische Marker, die da aktiviert werden". Im Gehirn werden gleichzeitig zwei Netzwerke aktiviert, zum einen das Informationsnetzwerk, und zum anderen ein Netzwerk, das mit dem wertenden Gefühl gekoppelt ist, das man während der Aufnahme der Informationen empfindet. „Nun heißt die Grundregel: was im Gehirn gleichzeitig aktiviert wird, verbindet, verkoppelt sich auch miteinander und so entsteht ein gekoppeltes Netzwerk."[5]

Die Ankopplung positiver, manchmal auch bewusst negativer Bewertungen, lässt sich demnach als Interiorisationsprozess gut beschreiben und neuropsychologisch begründen.

---

[5] Vgl. Hüther, G. (2009).

*Diese Verinnerlichung (Interiorisation) von Bewertungen steht im Mittelpunkt aller künftiger, auf Kompetenzgewinn und Kompetenzerweiterung gerichteter Lernprozesse.*

Gegenstände künftigen Lernens sind vor allem Kompetenzen; nicht Informationswissen, das natürlich grundierend und begleitend möglichst intensiv weitergegeben werden muss; nicht Erfahrungen, die als solche ohnehin nicht weiterzugeben sind: Seine Erfahrungen muss jeder selbst machen, als eigene Kompetenzen re-konstruieren; nicht Fertigkeiten und Methoden, die sich zwar jeder aneignen muss, die man sich aber nur aneignen kann, wenn die notwendigen Kompetenzen dafür als Fach- und Methodenkompetenzen vorhanden sind.

Kompetenzentwicklung setzt Wertaneignung und Wertinteriorisation voraus. Das ist ein schwieriger, archaische Teile des Gehirns nutzender, langsamer Vorgang.

*Wertinteriorisation ist das „Nadelöhr", durch das alles Wissen, alles Erfahren hindurch muss, um handlungswirksam zu werden.*

Interiorisierte Werte sind der zweite, der Engpass-Gegenstand künftigen Lernens. Ob man diesen Engpass mit Hilfe von Semantik und semantischen Netzen wird umgehen können, ist ein offenes Zukunftsproblem.

Angesichts dieser weit in die Zukunft reichenden, zusammenhängenden Grundprozesse – Kompetenzerwerb und Wertinteriorisation – verblassen die Problemkonstellationen traditioneller Lernkategorien. Wir erwähnen sie hier zunächst nochmals:

- *Lernorte*: Die Arbeit „wächst" in das Lernen, das Lernen in die Arbeit hinein; duale Formen des Lernens (in der Verschmelzung von Arbeits- und Lernprozessen) werden immer wichtiger.
- *Lerninhalte*: Kompetenzen, die Fähigkeit, Problemstellungen im Arbeitsprozess selbstorganisiert und kreativ lösen zu können.
- *Lernräume und Lernumgebungen*: Vorratslernen und vom Arbeitsprozess abgekoppelte Lernräume werden seltener. Es entstehen Entwicklungs- und Coachingumgebungen, in denen Lernen beim Bewältigen von realen Herausforderungen (Dissonanzen) stattfindet. Dabei werden Zweifel, Widersprüchlichkeit oder Verwirrung aufgelöst; es entstehen neue Lösungsmuster. Diese emotionale Verinnerlichung (Labilisierung) bildet die Basis der Kompetenzentwicklung, die durch neue Erlebnisse, Erfahrungen, Schwierigkeiten oder Konflikte bis hin zu Katastrophen gekennzeichnet sein wird.
- *Lernformen: Offenes Lernen und Fernlernen* werden um Größenordnungen zunehmen, das *E-Learning*, insbesondere im Rahmen des kompetenzorientierten *Blended Learning*, wird an Bedeutung gewinnen.

## 1.3  Lernen und Cloud Computing

Die Komplexität der Problemstellungen wird zunehmen, sodass sie im Regelfall nicht von einem Menschen alleine gelöst werden können. Deshalb findet Lernen zunehmend im Netz statt. Lernen 2025 setzt eine qualitativ höhere Vernetzung von Lern- und Kooperationspartnern voraus, über Kanäle, die nicht nur Sachwissen, sondern auch Urteile und emotional-motivationale Bewertungen zu kommunizieren gestatten.

*Ohne Lernen via Cloud Computing geht gar nichts.*

Die Clouds, mit denen wir es in Zukunft lernend zu tun haben werden, sind also sowohl von den Kommunikationsmitteln, wie von den kommunizierten Inhalten her wüste Gemische von Informationswissen, Werten, Bewertungen und Handlungswissen. Einen großen Teil unseres zukünftigen Lernens werden wir darauf verwenden müssen, uns in der Cloud überhaupt erst zurechtzufinden, werden bei Vielem, was uns da begegnet, fragen: Wissen oder Werte, wahr oder falsch, gültig oder ungültig, für uns, für unsere Gruppe, für unser Land, für die Welt wichtig oder unwichtig, Wohlstand fördernd oder verhindernd, wirtschaftlich nützlich oder auch nicht, ethisch akzeptabel oder abzulehnen, politisch zu befürworten oder zu bekämpfen… Da jeder Mensch diese Fragen aufgrund seiner Herkunft, seiner interkulturellen Einbindung, seiner Lebenserfahrungen und seiner Lebenseinflüsse anders beantwortet, nehmen die notwendigen Lernprozesse in ihrer Komplexität um Größenordnungen zu. Nicht das zunehmende und notwendigerweise aufzunehmende und einzusetzende Informations-, Sach- und Methodenwissen ist für den Lernprozess entscheidend, denn dieses Wissen ist immer barrierefreier verfügbar, entscheidend ist der – stets wertbehaftete – Zugang zu diesem Wissen, die „Ankopplung" dieses Wissens an die kreativen und selbstorganisierten Handlungsfähigkeiten der Menschen.

Mithilfe von Ontologien können Daten, beispielweise in einer Cloud, sowie Regeln über deren Zusammenhang, formal beschrieben werden. Nach einer viel zitierten Definition von Gruber ist *Ontologie* eine „explizite Spezifikation einer Konzeptualisierung". Konzeptualisierung meint hier das Ergebnis der Erstellung eines abstrakten Modells, beispielsweise die Abbildung eines Wissensbereichs.[6] Mithilfe dieser Regeln lassen sich Rückschlüsse aus den vorhandenen Daten ziehen, Widersprüche in den Daten erkennen und manchmal fehlende Wissensbestände aus dem Vorhandenen ergänzen.

---

[6] Gruber, T. R. (1993), S. 199.

## 1.4   Lernen in semantischen Netzen

Je schneller die Bestände von Informationswissen wachsen, je schneller sich die Denk- und Arbeitsanforderungen ändern – von sachlichen Gegebenheiten wie von Kundeninteressen gleichermaßen getrieben –, desto wichtiger wird es, die Bedeutungen von Sachverhalten, Eigenschaften, Relationen, Prozessen, Entwicklungen, Entdeckungen und Erfindungen abzuschätzen und zu vergleichen. Auf der Ebene des Fühlens, Denkens und Sprechens kommt damit der Kommunikation von Bedeutungen, also der Semantik, eine neue, schnell wichtiger werdende Rolle zu.

*Ohne Lernen in semantischen Netzen, ohne semantische Erwägungen geht gar nichts.*

Wissenschaftsphilosophisch versteht man unter Semantik die „Lehre von der Bedeutung sprachlicher Ausdrücke oder allgemeiner von der Bedeutung beliebiger Zeichen."[7] Der Semantikbegriff, der in den heutigen Ansätzen des semantischen Netzes verwendet wird, ist stark funktional eingeengt, aber eben deshalb praktikabel. Gegenwärtig zeichnet sich das Semantic Web zum einen dadurch aus, dass offene Standards für die *Beschreibung* von Informationen vereinbart werden, sodass sie zwischen verschiedenen Plattformen austauschbar sind (Interoperabilität); zum anderen müssen *Regeln* gegeben sein, die den Umgang mit den so beschriebenen Informationen und die Gewinnung von Schlussfolgerungen daraus sicherstellen (Inferenzregeln).

Die Ziele des Semantic Web sind eigentlich viel moderater: „Finde Wege und Methoden, Informationen so zu repräsentieren, dass Maschinen damit in einer Art und Weise umgehen können, die aus menschlicher Sicht nützlich und sinnvoll erscheint."[8] Das Lernen im Semantic Web bezieht sich also immer mehr auf ein Bewertungen und Werte integrierendes Lernverständnis, diszipliniert und systematisiert dieses Wertdenken aber zugleich und macht es für die Kompetenzentwicklung der Lerner intensiv nutzbar.[9]

---

## 1.5   Thesen: Die Revolution des Lernens

Generell kann man feststellen, dass das Potenzial des World Wide Web in Bezug auf künftiges Lernen auch mit dem Anspruch der Kompetenzentwicklung im Netz noch lange nicht erschöpft ist. Wohl aber zeigen sich Trends in der Weiterentwick-

---

[7] Vgl. Morris, C. W. (1938).

[8] Hitzler, P.; Krötzsch, M; Rudolph, S.,;Sure, Y. (2008), S. 12.

[9] U. a. in Scherfer, K. (Hrg.) (2008), S. 9.

lung. Verfolgt man die bereits heute sichtbaren Tendenzen der Weiterentwicklung des Netzes, der Bezeichnungsweise des Web 2.0 folgend manchmal als Web 3.0 und Web 4.0 gekennzeichnet, so fällt auf, dass die Semantik – und zwar in ihren vollen, Bezeichnungs- und Bedeutungsaspekte einschließenden und verknüpfenden Formen – sowohl in Bezug auf Informations- wie auf Sozialverbindungen zunimmt.[10] Das heißt, die Informationen werden zunehmend gewichtet, bewertet, gegeneinander abgewogen und in der Kommunikation entsprechend ausgewählt. Gleichzeitig nimmt aber auch die Kommunikation von Bewertungen und Werten im Bereich sozialer Kommunikation zu. Informationelle und soziale Semantiken in ihrer entfalteten Form spielen für die Kommunikation der Zukunft und damit auch für das Lernen in der Zukunft eine zentrale Rolle.[11]

Für uns ergeben sich aus dem bisher Zusammengetragenen fünf Thesen zur Entwicklung des Web in Hinsicht auf eine ermöglichungsdidaktisch gewollte und geförderte Kompetenzentwicklung.

*1. These: Wir haben es heute mit einer dritten „Kopernikanischen Wende" zu tun.*[12]

Kern dieser These ist, dass es sich bei der Weiterentwicklung des Lernens und der Kompetenzentwicklung im Web keineswegs nur um eine Fortschreibung bisheriger Trends handelt, sondern dass eine fundamentale erkenntnistheoretische Verschiebung stattgefunden hat.

Als *dritte Kopernikanische Wende* kann man die Entstehung informationeller Ontologien und die Entfaltung des Semantic Web bezeichnen. Das Verständnis und die Lehre vom Seienden, die Ontologie, bisher ausschließliches Hoheitsgebiet des Menschen, wandert nun in veränderter, informationell „abgespeckter" Form in die Sphäre der Informationstechnologien. Die Zuschreibung von Sinn und Bedeutung zu sprachlichen und anderen Zeichen, bisher ebenfalls alleiniges Herrschaftsgebiet des Menschen, wandert zu Teilen ebenfalls in den informationellen Bereich, ins Semantic Web aus. Schlimmer noch: Der Mensch wird zum begrenzenden Faktor informationeller Systeme. Je näher der Tag rückt, an dem Human Computer mit der Kapazität menschlicher Gehirne entstehen und das „Human Brain Project" real greift,[13] desto deutlicher werden die Grenzen des Menschen.

---

[10] Vgl. Hengartner, U.; Meier, A. (Hrg) (2010); Radar Networks & Nova Spivack (2007).

[11] Radar Networks & Nova Spivack (2007)

[12] Als *erste Kopernikanische Wende* wird in der Wissenschaftsgeschichte der Übergang vom geozentrischen zum heliozentrischen Weltbild durch die Kosmologie des Nikolaus Kopernikus verstanden. Als *zweite Kopernikanische Wende* wird oft Immanuel Kants Erkenntniskritik bezeichnet.

[13] vgl. The HBP-PS Consortium (2012)

*2. These: In immer größerem Maße gehen Clouds und Semantische Netze von Fremd- zu Selbstorganisation über.*

Ähnlich wie echte Wolken Gebilde sind, die eigentlich nur in ihrer Selbstorganisationsdynamik wirklich verstanden werden können, sind auch Clouds und Semantische Netze, wenn sie denn wirklich zu den erwartbaren komplexen Gebilden geworden sind, selbstorganisierende Systeme.[14]

Im sogenannten Web 3.0 und Web 4.0 produziert das Semantische Web, produzieren die Clouds, Bewertungen und Werte als Ordner ihrer Selbstorganisation zunehmend selbst. Der Mensch wir schon bald Mühe haben, die Bewertungen und Werte zu verstehen und sie vielleicht auch anzuerkennen; viele wird er schlicht nicht mehr begreifen. Deshalb wird es in Bezug auf Clouds und Semantische Webs eine der wichtigsten Kompetenzen der Menschen werden, die netzproduzierten Bedeutungen, Bewertungen und Werte als Ordner der Selbstorganisation zu verstehen und mit den genuin menschlichen abzugleichen. Dabei gilt der Spagat, einerseits Clouds und Webs wirklich zu begreifen, andererseits eine Virtualisierung der Lebenswelt, wo sich von der Partnerwahl über den Sex bis zur Altersbetreuung immer mehr im Netz abspielt, entgegenzuwirken.

*These 3: Die Clouds und das Semantic Web unterliegen, wie alle Selbstorganisationsprozesse, einem ständigen, nicht voraussagbaren, sich vielfältig realisierenden Gestaltwandel.*

Eine wichtige Gestaltungsform ist das bekannte „Internet der Dinge". Hier werden Alltagsdinge so ausgestattet und vernetzt, dass sie eigene Informationen und Bewertungen austauschen und daraus ihr Handeln perspektivisch selbstorganisiert und kreativ bestimmen können.[15] Sie verfügen also über eine eigene, sich auch selbständig entwickelnde und keineswegs von vornherein festgelegte Kompetenz.

Die Rolle von Kommunikation, Emotion und Kreativität im Netz nimmt zu und muss gefördert werden.[16] Die Vielfalt kompetenzförderlicher Kommunikationsformen im Netz wird, das ist schon heute absehbar, explosionsartig zunehmen.

*These 4: Die Dialektik von Globalisierung und Regionalisierung vollzieht sich im Netz als Dialektik von Öffnung und Abgrenzung.*

Das World Wide Web, aber auch die meisten anderen großen Netze sind global, in weiten Teilen öffentlich zugänglich, auch da, wo es sich um persönliche Gespräche handelt; man muss besondere Maßnahmen ergreifen, um einen nicht öffentlichen kommunikativen Austausch abzusichern. Das macht es notwendig, sehr genau auf die Ausgewogenheit von Öffentlichkeits- und Lokalbezug zu achten.

---

[14] vgl. Max-Planck-Instituts für Dynamik und Selbstorganisation (MPIDS) u. a. (2010)

[15] Vgl. Uckelmann, D., Harrison, M., Michahelles, F. (2011).

[16] Vgl. Wirtz, B.W. (7. Auflage, 2011).

Nur in einem überschaubaren, abgeschlossenen Rahmen, der persönliches Engagement, Vertrautheit mit der Umgebung und Vertrauen in die Umgebung einschließt, kann die notwendige emotionale Labilisierung erzeugt werden, die für Kompetenzentwicklung unumgänglich notwendig ist. Nur wenn lokal abgeschlossene Netzbereiche geschaffen werden können, in denen sich Handelnde und Kommunizierende wirklich sicher fühlen können, ist Kompetenzentwicklung via Netz möglich und gestaltbar.[17] Dies erfordert, die Abgrenzung zwischen Diskurs- und Diskretionsteilen der Clouds und der Semantischen Netze stets im Auge zu behalten und die oft sehr schnellen Grenzverschiebungen dazwischen zu beachten. Kompetenzentwicklung in Form von Coaching, Mentoring und Training erfordert Schutzräume – gerade wenn sie im abstrakten World Wide Web liegen.

*These 5: Das Netz stellt starke Verbindungen her, verursacht aber schwächer werdende Bindungen.*

Dies ist die einzige These, die sich auf Anhieb erschließt, wenn man einen kurzen, zufallsgesteuerten Blick in Facebook wirft. Die Freundeslisten von 16-, 17-Jährigen umfassen oft 50 bis 100 solcher Freunde.

Die Bindungsschwäche von Netzkontakten ist aber ein Problem, das bei der Kompetenzentwicklung im Netz einen zunehmend begrenzenden Faktor darstellt. Deshalb müssen wir herausfinden, wie man diesen Anregungsraum sinnvoll zur Kompetenzentwicklung nutzt. In Bezug auf andere Handlungsbereiche wird individuelle Kompetenzentwicklung vor allem in lokal abgeschlossenen Netzbereichen erzeugt werden können und müssen. Nur so ist einer Ära interaktiver Einsamkeit entgegenzuwirken.

---

[17] Vgl. MMB E-Paper (2012).

# Lernen heute **2**

Die aktuelle betriebliche Arbeits- und Lernwelt verändert sich mit zunehmender Dynamik. Die Leistungsanforderungen und notwendigen Produktivitätssteigerungen können nur durch partizipative Beteiligung und kollektive Anstrengungen aller Mitarbeiter und Führungskräfte erreicht werden.[1] Detaillierte Vorgaben und ständige Kontrolle verlieren ihre Bedeutung, dagegen wird Selbstorganisation und die Kompetenz zum kollaborativen Arbeiten und Lernen gefordert. Die Ausgestaltung der aktuellen betrieblichen Weiterbildung ist jedoch von dieser Erkenntnis weitgehend abgekoppelt, obwohl die Mitarbeiter sich immer schneller und flexibler Kompetenzen aneignen müssen.

## 2.1 Terra Nova – die neue Arbeits- und Lernwelt

Lernen findet in unseren Köpfen auch im 21. Jahrhundert nach wie vor überwiegend im Seminar statt, obwohl wir spätestens seit den Untersuchungen von Livingston wissen, dass in den Betrieben etwa 80 bis 90 % des Lernens informell stattfindet.[2] Häufig wird die 70/20/10-Regel zitiert, d. h. 70 % des betrieblichen Lernens sind danach Erfahrungslernen in der Praxis, 20 % werden durch Lernpartner, Führungskräfte, Coaches und Mentoren initiiert und nur 10 % finden als formelles Lernen in Seminaren oder durch E-Learning statt (vgl. Abb 2.1).[3]

---

[1] Hoberg, A. (2012) S. 80.

[2] Vgl. Livingston (1999), vgl. Cross, J. (2010).

[3] Jennings, Ch. (2013).

© Springer Fachmedien Wiesbaden 2015
J. Erpenbeck, W. Sauter, *Kompetenzentwicklung mit humanoiden Computern,*
essentials, DOI 10.1007/978-3-658-09935-0_2

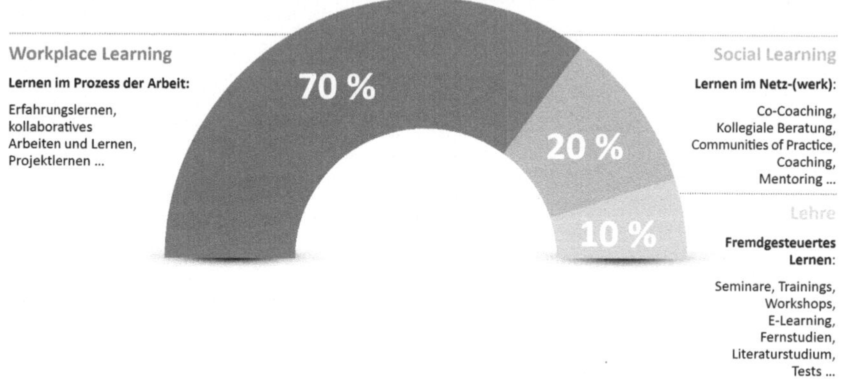


**Abb. 2.1**  10:20:70-Regel des betrieblichen Lernens

Unternehmen werden sich immer mehr zu *kollaborativen Organisationen* wandeln, in denen die Mitarbeiter und Führungskräfte gemeinsam am Arbeitsplatz und im Netz Aufgaben lösen und Erfahrungswissen austauschen.[4]

Unter *Kollaboration* verstehen wir dabei im Folgenden in Anlehnung an Stoller-Schai:[5]

*Kollaboration ist die gemeinsame Bewältigung einer Aufgabe oder Problemstellung durch zwei oder mehr Mitarbeiter bzw. Führungskräfte, die dieselben Ziele verfolgen, in einem sich direkt und wechselseitig beeinflussenden Prozess innerhalb eines netzbasierten Lern- und Arbeitsrahmens mit gemeinsamen Ressourcen.*

Kollaborative Unternehmen sind durch veränderte Werte und Kulturen, kollaborative Netzwerke und soziale Lernprozesse im Netz und im Prozess der Arbeit (*Workplace Learning*) gekennzeichnet. Deshalb müssen reale Herausforderungen und der Austausch von Erfahrungen von Anfang an in die Lernprozesse integriert werden. Arbeiten ist Lernen und umgekehrt; betriebliches Lernen erlangt wieder seinen natürlichen Charakter. Diese Schwerpunktverlagerung bedingt wiederum, dass der Wissensaufbau nicht das Ziel der Weiterbildung ist, sondern die notwendige Voraussetzung für die Umsetzung in der Praxis schafft.

Es genügt also nicht, einfach Seminare beispielsweise in ein E-Learning-Format zu übertragen, Online-Kurse „schicker" bzw. „spannender" (z. B. mittels „Gamification"[6]) zu machen oder bestehende Blended-Learning-Systeme mit sozialen

---

[4] Cross, J. (2012), S. 3.

[5] Stoller-Schai, D. (2003), S. 47.

[6] z. B. durch belohnende Elemente aus Spielen, um die Lerner zu motivieren.

und mobilen Elementen „anzureichern". Kollaboratives Arbeiten und Lernen erfordert vielmehr grundlegend veränderte Denk- und Handlungsweisen aller Beteiligten, von den Personalentwicklern und Trainern über die Führungskräfte bis hin zu den Mitarbeitern.

## 2.2   Lernen heute und morgen

In innovativen Lernkonzeptionen zeigen sich nach unserer Einschätzung bereits heute vier Entwicklungslinien, die den Wandel in der Bildung der kommenden Jahre prägen werden (vgl. Abb. 2.2).

Die Fortschritte der Informationstechnologien ermöglichen und fördern oftmals erst diese Entwicklungen, sind aber nicht deren Hauptmerkmal. Alle diese Entwicklungslinien stehen dabei in einer engen Wechselbeziehung zueinander.[7]

### 2.2.1   Entwicklungslinie Kompetenzaufbau

Standen in traditionellen Bildungskonzepten Wissens- und Qualifizierungsziele, oftmals zentral vorgegeben, im Vordergrund, werden die Lernprozesse immer mehr durch individuelle, strategieorientierte Kompetenzziele gesteuert. Dies bedeutet, dass sich die Lernkonzeptionen zunehmendan den strategischen Zielen der Unternehmen und damit an der Fähigkeit der Mitarbeiter orientieren, um Problemstellungen im Prozess der Arbeit selbstorganisiert und kreativ zu lösen.

Dies hat einen Paradigmenwechsel in der betrieblichen Bildung zur Folge:

- Die Personalentwicklung mit dem Schwerpunkt auf fremdgesteuertem Wissensaufbau und Qualifizierung wandelt sich zum Kompetenzmanagement, das selbstorganisierte, individuelle Lernprozesse im Prozess der Arbeit ermöglicht.
- Die systematische Kompetenzentwicklung führt dazu, dass die Verantwortung für das Lernen auf die Mitarbeiter und Führungskräfte verlagert wird. Die Personalentwickler und Trainer werden zu Gestaltern eines Lernrahmens und zu Lernbegleitern.
- Wissen wird zunehmend durch die Mitarbeiter selbst als Erfahrungswissen aufbereitet und gemeinsam im Netz weiterentwickelt. Es entsteht ein kompetenzorientiertes Wissensmanagement.

---

[7] Vgl. im Folgenden Erpenbeck, J.; Sauter, W. (2013), S. 45 ff.

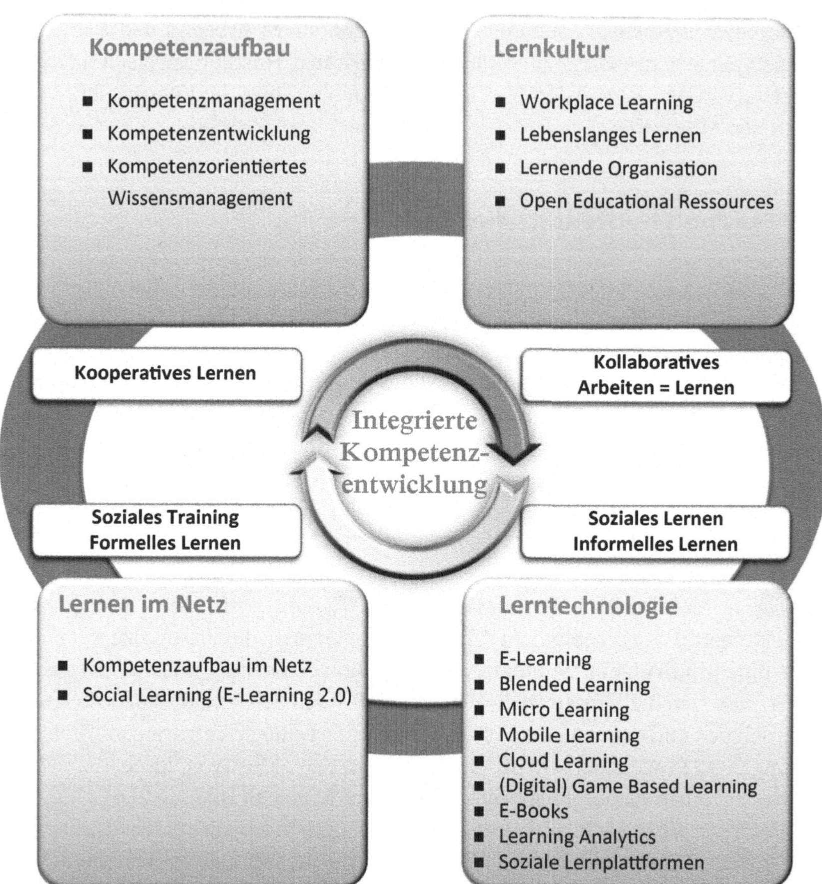


**Abb. 2.2** Aktuelle Entwicklungen im betrieblichen Lernen

Damit wird eine Revolution des betrieblichen Lernens ausgelöst.

## 2.2.2   Entwicklungslinie Lernkultur

Die Lernkultur in den Unternehmen wird sich aus unserer Sicht vor allem in folgenden Handlungsbereichen grundlegend weiter verändern.

**Lernende Organisation**
Peter Senge postuliert, dass durch die zunehmende Globalisierung und die sich rasch wandelnden Umweltbedingungen die Anforderungen an die Mitarbeiter einer Organisation steigen. Deshalb ist eine permanente Weiterentwicklung der Mitarbeiter notwendig. Auch die Organisation selbst muss vor allem ein hohes Maß an Flexibilität und Wandlungsfähigkeit aufweisen, sie muss lernen.[8]

Die größte Herausforderung zur Entwicklung der Lernenden Organisation ist die Gestaltung einer effektiven Infrastruktur, die den Menschen helfen kann, Lernen und Arbeiten zu integrieren. Lernende Infrastrukturen (Reflexionen, Übungsfelder, Kommunikationstechnologien) sind damit ein Schlüsselelement für die Entwicklung effizienter Lernstrategien. Stabile Lerninfrastrukturen benötigen „Praxis- und Übungsfelder", die reale Herausforderungen für die Lerner darstellen. Das Lernen im Sinne der Kompetenzentwicklung wird deshalb in unseren Blended-Learning-Arrangements nicht dem Zufall überlassen, sondern über die Aufgaben im Prozess der Arbeit sowie Transfer- und Projektaufgaben konsequent initiiert. Kompetenzorientierte Lernprozesse sind dadurch gekennzeichnet, dass man neue Herausforderungen bewältigt und dabei auch Fehler machen kann.

**Social Workplace Learning**
Kompetenzentwicklung in Arbeitsprozessen gewinnt zunehmend an Bedeutung. Definiert man Social Workplace Learning in diesem Sinne, verändern sich nicht nur die Lernorte, sondern vor allem die Ziele und Inhalte, aber auch die Lernmethodik.[9] Folgt man der Darstellung von Jane Hart,[10] dann ist die Entwicklung zu diesem arbeitsplatznahen Lernen durch fünf Stufen geprägt (vgl. Abb. 2.3).

In den einzelnen Entwicklungsstufen sind insbesondere folgende Merkmale hervorzuheben:

- *Stufe 1: Lehren und Lernen in Seminaren:* In Präsenzveranstaltungen soll das notwendige Fach- und Produktwissen „vermittelt" und über Übungen dazu beigetragen werden, dass die Lerner Wissen aufbauen.

---

[8] Vgl. Senge, P. (11. Aufl. 2011).

[9] Vgl. Trost, A.; Jenewein, W. (2012) S. 109 ff.

[10] Vgl. Hart, J. (2011).

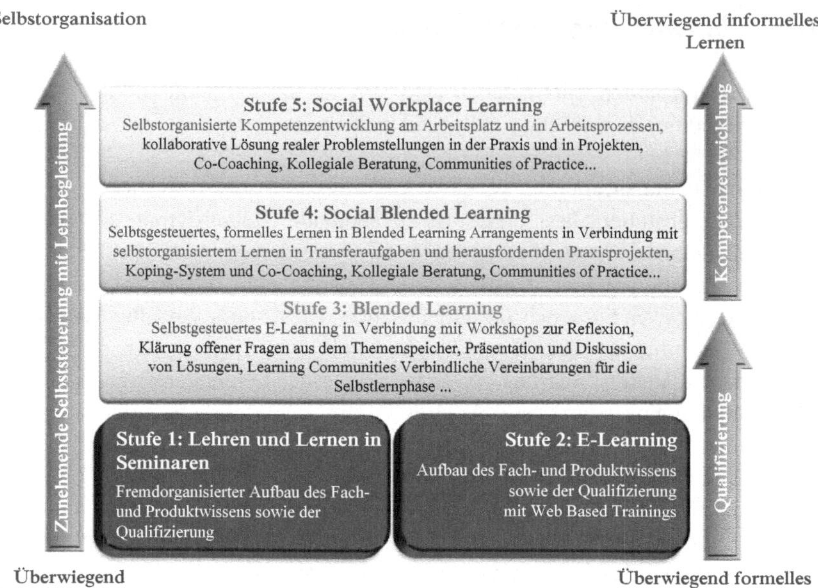



**Abb. 2.3**  Die Stufen des Workplace Learning nach Hart

- *Stufe 2: E-Learning:* Mittels Web Based Trainings wird der notwendige Wissensaufbau in den selbstgesteuerten Lernprozessen ermöglicht. Dabei eignen sich die Lerner das Wissen eigenverantwortlich und selbstgesteuert an, überprüfen ihren Wissensstand und wenden ihr Wissen mittels Transferaufgaben in ihrer Praxis an.

- *Stufe 3: Blended Learning:* Stufe 1 und Stufe 2 wurden zu einem Blended-Learning-Konzept verknüpft, das eine weitgehend selbstgesteuerte Qualifizierung ermöglicht.

- *Stufe 4: Social Blended Learning:* Dieses Lernen umfasst nach unserem Verständnis ein breites Spektrum, vom gezielten Erlernen sozialen Handelns, z. B. in Rollenspielen oder in Praxisanwendungen, bis hin zu kooperativem Lernen in der Learning Community mit Blogs, Wikis oder in virtuellen Klassenräumen.

- *Stufe 5: Social Workplace Learning:* Kompetenzentwicklung in Arbeitsprozessen wird auf dieser Stufe durch die Bewältigung von Herausforderungen im Prozess der Arbeit und evtl. über herausfordernde Praxisprojekte systematisch ermöglicht. Hierbei kommt den sozialen Medien eine besondere Bedeutung zu. Die Lernprozesse finden in kollaborativer Form im Rahmen einer Sozialen Lernplattform über selbstorganisierte Communities of Practice statt.[11]

---

[11] Vgl. dazu auch Eisfeld-Reschke, J.; Kretschmer, L.-M. M; Narr, K. (2013).

Die meisten Unternehmen und Bildungsanbieter befinden sich heute auf der Stufe 1, evtl. erweitert um die Stufe 2. Die Entwicklung zum Social Workplace Learning erfordert einen langfristigen Veränderungsprozess, da alle Beteiligten ihre Denk- und Handlungsweisen schrittweise verändern müssen.[12] Bereits heute kann eine Kombination der Stufen 3 bis 5 realisiert und zu einem kulturgerechten Gesamtkonzept verknüpft werden.

**Lebenslanges Lernen**

Die vielbeschworene Vision des Lebenslanges Lernen umfasst alle Gelegenheiten zum Lernen, im Alltag, in der Arbeit, in sozialen Netzwerken, in Projekten, in Seminaren, im E-Learning, Blended Learning oder Social Learning. Das ist nicht nur auf die Länge des Lebens, sondern auf seine vielfältige Weite bezogen.[13]

Die Vision des lebenslangen, lebensweiten Lernens ist im betrieblichen Kontext durch folgende Merkmale geprägt:[14]

- Individuelle, strategieorientierte Kompetenzziele statt standardisierter Wissens- und Qualifizierungsziele (Curricula)
- „Ermöglichungsdidaktik" statt fest vorgegebene Lernpfade
- Selbstorganisation statt Fremdsteuerung
- Lernbegleitung statt Lehre
- Konsequente, zielorientierte Nutzung innovativer Lerntechnologien

**Open Educational Resources (Offenes Online-Lernen)**

Die Open Educational-Resources-Bewegung entstand 2001 durch die Open Course Ware-Initiative des MIT und 2002 auf Anstoß der OECD. Mittlerweile werden auch in Deutschland eine Vielzahl von offenen Lernangeboten zur Verfügung gestellt (vgl. dazu beispielhaft „Open Course 2012"[15]).

*Open Educational Resources (OER)* sind digitalisierte Lehr- und Lernmaterialien, die im Internet zur freien Verfügung stehen. Die Lerner sind frei, Ziele und Inhalte sowie Wissensquellen selbst zu bestimmen und ihre Lernprozesse zu organisieren.[16]

---

[12] vgl. Reuther, U. (2007).

[13] vgl. Baethge-Kinsky, V.; Döbert, H. (2010).

[14] vgl.: Hoskins, B.; Cartwright, F.; Schoof, U. (2010).

[15] http://opco12.de/.

[16] Bergamin, P.; Filk, C. (2012), S. 25 ff.; Deimann, M. (2012); Robes, J. (2012 a).

**MOOC (Massive Open Online Course)**

*Massive Open Online Courses (MOOC)* sind im Netz angebotene Kurse („online")
mit Open Resources und einer teilweise sehr großen Teilnehmerzahl („massive"),
die jedem Lerner ohne Kosten offenstehen („open") und im Netz stattfinden.[17]

Diese Lernangebote entstanden überwiegend im universitären Bereich. Dabei
haben sich unteranderem folgende Grundformen herausgebildet:

- *cMOOC (connectivist MOOC)* basieren auf dem Ansatz des Konnektivismus,
  nach dem das Lernen im Netz stattfindet. Sie sind relativ offen und frei im Sinne virtueller Workshops oder Barcamps gestaltet, in denen die Teilnehmer aktiv
  gemeinsam Wissen erarbeiten.
- *xMOOC* ("x" steht für Extension), orientieren sich an traditionellen Kurskon-
  zepten, in denen die Themen festgelegt sind und die Lernmaterialien (häufig
  Videos) von den Veranstaltern zur Verfügung gestellt werden. Die Teilnehmer
  sind eher passiv und nicht in die Gestaltung der Kurse eingebunden. Sie bear-
  beiten die vorgegebenen Materialien, um ihr persönliches Wissen aufzubauen
  und unterstützen sich meist gegenseitig.

## 2.2.3  Entwicklungslinie Lernen im Netz

Netzwerke fördern die Kommunikation zwischen Wissensträgern und die kollaborative Lösung von Herausforderungen. Der Begriff „Lernen im Netz" ist von uns
bewusst doppeldeutig gewählt.[18] Einerseits zielt er auf das netzbasierte Lernen im
Sinne des Konnektivismus, andererseits meint er das Lernen im Web mit Social
Software. Beide Ausprägungen des Lernens basieren auf dem sozialen Lernen.

**Kompetenzaufbau im Netz**

Social-Software-Instrumente ermöglichen Kompetenzentwicklung im Netz, wenn
sie die kollaborative Bearbeitung von Herausforderungen im Prozess der Arbeit
und offener Entscheidungsprobleme mit Kommunikationsformen unterstützt. Deshalb wird eine Lernumgebung benötigt, über die Netzwerke ihre Erfahrungen austauschen, bewerten und gemeinsam weiterentwickeln können. Sie können sich dort
gegenseitig unterstützen, aber auch motivieren.

Kompetenzaufbau im Netz ist vor allem auch dann möglich, wenn die realen
Herausforderungen in der Praxis oder in Projekten ebenfalls online stattfinden.

---

[17] vgl. Robes, J. (2012 a), Bremer, C.; Thillosen, A. (2013) S. 15–27.

[18] vgl. dazu Erpenbeck, J.; Sauter, W. (2007).

Nachdem in den Unternehmen immer mehr Geschäftsprozesse online gestaltet und gesteuert werden, bieten sich auch dort ähnliche Lernkonzepte an.

**Social Learning (E-Learning 2.0)**
*Social Learning (E-Learning 2.0)* ist kompetenzorientiertes E-Learning mit Social Software (Social Media), das informelles, selbstorganisiertes und vernetztes Lernen umfasst.[19]

Dieses soziale Lernen kann sowohl Inhalt des Lernens als auch Gestaltungselement sein:

- *Didaktik (Lernziele und -inhalte):* Entwicklung der sozialen Kompetenz zum sozialen Handeln mit Empathie, Respekt und Verantwortung.
- *Methodik:* Kooperative und kollaborative Lernformen, die das gemeinschaftliche Lernen in Gruppen fördern.
- *Lerntechnologie:* Medien und Werkzeuge, die kooperative und kollaborative Lernprozesse ermöglichen.
- *Lernorganisation:* Lernen im sozialen Kontext, z. B. Peer-to-peerKonzepte.

Social Learning im Unternehmen ermöglicht *Social Workplace Learning* durch die Verknüpfung von kollaborativem Arbeiten und Lernen, fördert die Netzwerkbildung und unterstützt den individuellen Kompetenzaufbau der Mitarbeiter. Da auch hierbei veränderte Handlungsweisen aller Beteiligten erforderlich sind, wird dieser Veränderungsprozess langfristig sein.

## 2.2.4   Entwicklungslinie Lerntechnologie

Die Entwicklung der Lerntechnologie orientiert sich an der Entwicklung der Webtechnologie und der Unternehmens-IT. Die Lerntechnologie schafft in vielen Fällen erst die Voraussetzung dafür, dass innovative Lernkonzeptionen umgesetzt werden können. Gleichzeitig entfalten diese Lerntechnologien ihre Wirkung erst, wenn sie in eine bedarfsgerechte Lernkonzeption eingebettet werden.

**E-Learning**
*E-Learning* bezeichnet das prozessorientierte Lernen in Szenarien, das mit Informations- und Kommunikationstechnologien sowie mit darauf aufbauenden (E-Learning-)Systemen unterstützt bzw. ermöglicht wird. Die Basis für E-Learning

---

[19] vgl. Robes, J. (2012 b), S. 3.

bilden meist Web Based Trainings (WBT), teilweise auch Lern-Videos oder Podcasts.

*Web Based Training* sind interaktive Lernprogramme, die multimedial aufbereitet und im Netz bearbeitet werden.

Mit E-Learning können Lernziele auf folgenden Ebenen erreicht werden:

- *Wissensaufbau:* Diese Lernkonzepte verlagern das Prinzip des Frontalunterrichts und des Fernlernens ins Netz. Die Lernprozesse sind dabei selbstgesteuert, d. h. sie erfolgen im Rahmen der Vorgaben im Lernprogramm oder durch den Trainer bzw. E-Tutor in Eigenverantwortung der Lerner.
- *Qualifikation:* Hierbei werden klar umrissene Komplexe von Kenntnissen, Fertigkeiten und Fähigkeiten in handlungszentrierter Form und in Verbindung mit Zertifizierungsprozeduren aufgebaut. Dieses Prinzip kann als „reines" E-Learning mit aufgabenorientierten Web Based Trainings, aber vor allem in Blended Learning Arrangements umgesetzt werden.

**Blended Learning**

Seit der Jahrtausendwende haben sich vor allem in größeren Unternehmen Blended-Learning-Konzepte, zunächst „Hybrides Lernen" genannt, durchgesetzt. Sie ersetzen in vielen Unternehmen zunehmend die „klassischen" Seminare und sind damit ein unverzichtbares Element der Qualifizierungskonzeption geworden.

*Blended Learning* (engl. Blender = Mixer) ist ein internet- bzw. intranetgestütztes Lernsystem, das problemorientierte Workshops mit meist mehrwöchigen Phasen des selbstgesteuerten Lernens auf der Basis von Web Based Trainings und der Kommunikation über ein Learning-Management-System bedarfsgerecht miteinander verknüpft.

Dabei werden Wissensaufbau und Qualifizierung mittels Web Based Trainings mit Wissensmanagement, Training und Lernbegleitung zielgruppengerecht miteinander kombiniert (vgl. Abb. 2.4).

Werden diese im Rahmen der Zielvereinbarungen weitgehend selbstorganisierten Lernprozesse mit einer hohen Verbindlichkeit und einem geeigneten Flankierungskonzept gestaltet, weisen diese Lernkonzeptionen eine sehr hohe Erfolgsquote auf.

**Micro-Learning**

*Micro-Learning* umfasst kurze formelle Lerneinheiten, die „on demand" zwischen selbstorganisierte, kompetenzorientierte Lernphasen eingeschoben werden und die

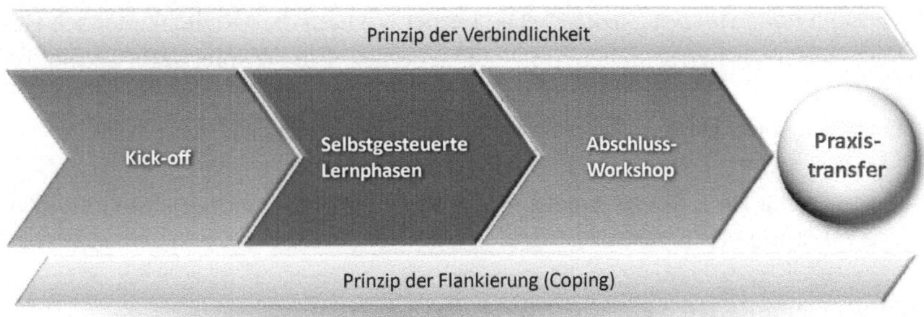


**Abb. 2.4** Blended-Learning-Prozess

mit einem unmittelbaren Feedback für die Lernenden versehen sind.[20] Wir sehen dabei in Micro-Learning ein großes Potenzial für kompetenzorientiertes Lernen.

**Mobile Learning**

*Mobile Learning* beschreibt Lernprozesse, die in maßgeblichem Umfang mobile Computertechnologie in mobilen Kontexten nutzen, um einen deutlichen Mehrwert im Bereich der Kompetenzentwicklung zu bewirken.[21]

Mobile Learning ist keine eigenständige Lernkonzeption. In Kompetenzentwicklungsprozessen können mobile Geräte eine zunehmend wichtiger werdende Rolle im Rahmen des Workplace Learning übernehmen, indem sie die Möglichkeiten der Kommunikation und der Informationsabfrage an den Arbeitsplatz bringen und beschleunigen.

**Cloud Learning**

In der Praxis haben sich zwei Ausprägungen dieses Ansatzes herausgebildet:

- Ler*nen mit WBT und Diensten, die im Internet („Cloud") liegen:* Beispiele dafür sind Learning-Management-Systeme (LMS), die von Google und anderen Anbietern, z. B. CloudCourse oder HootCourse, angeboten werden. In diesem Sinne ist Cloud Learning vor allem durch eine veränderte Lern-Infrastruktur geprägt.

---

[20] In Anlehnung an Baumgartner, P. (2013).

[21] Vgl. Frohberg, D. (Diss. 2008); Witt. C. (2013); Stoller-Schai, D. (2010), vgl. O'Malley, C.; Vavoula, G.; Glew, J. P.; Taylor, J.; Sharples, M. (2005).

- *Lernen in und von der „Wolke":* Die Lerner erhalten die Möglichkeit, nach Bedarf vielfältige Lernangebote im Netz zu nutzen. Ein Beispiel dafür ist die frei zugängliche Kurssammlung des Massachusetts Institute of Technology (MIT).[22] Damit entspricht Cloud Computing dem Ansatz des Open Course Ware.

Cloud Learning ist in Verbindung mit Mobile und Micro-Learning die Grundlage für die zukünftige Kompetenzentwicklung im Netz.

**(Digital) Game-based Learning (Serious Games)**

*(Digital) Game-based Learning* (Serious Games, Educational Games u. a.) ist eine Lernkonzeption, die den Spielmechanismus in einem virtuellen, interaktiven Rahmen für die Qualifikation der Lerner nutzt, indem sie diese emotional bindet.[23]

Kritisch ist anzumerken, dass bei den heutigen Möglichkeiten der Spielentwicklung im Regelfall keine Kompetenzentwicklung ermöglicht wird, wie dies beim Lösen realer Problemstellungen der Fall ist.[24] Im Vordergrund steht bei den aktuellen Spielen der wertfreie Transfer von Wissen im engeren Sinne über den Avatar zum Spieler bzw. Lerner. Eine Ausnahme bilden lediglich Systeme wie Flugsimulatoren der Fluggesellschaften oder Fahrsimulatoren bei der Bahn, bei denen der Lerner Realität und Fiktion nicht mehr auseinanderhalten kann.

Mit der Entwicklung semantischer Systeme werden sich die Lernspiele zukünftig immer mehr der Realität angleichen, sodass in einigen Jahren auch Kompetenzentwicklungsprozesse mit Game Based Learning möglich sein werden, weil sie dann emotional-motivationale Labilisierungsprozesse in „fiktiver Realität" ermöglichen.

**Gamification**

Unter der Bezeichnung Gamification wird versucht, Spielelemente und Spielmechanismen in nicht-spielerische Lernkontexte zu übertragen, um dort die Spielfreude zu nutzen und somit den Lernerfolg zu erhöhen.[25]

Beispiele dafür sind Punktevergaben, Ratingverfahren oder Badges, Kennzeichen oder Plaketten, die als Indikatoren für die Leistungen der Lerner in informellen Lernprozessen genutzt werden.

Hinter dem Ansatz der Gamification steht die meist nicht hinterfragte Annahme, extrinsische Motivation sei der bedeutsamste Faktor im Lernprozess. Nach

---

[22] http://ocw.mit.edu/index.htm.

[23] Son Le; Weber, W., (2011), S. 2.

[24] Vgl. Wagner, M. (2009).

[25] Kienbaum (2013).

dem derzeitigen Stand der Forschung ist dies falsch. In der Rangfolge wichtiger, den Lernprozess beeinflussender Faktoren steht die extrinsische Motivation weit hinten, gerade noch unterboten von den Lernstrategien nach vorgegebenen Lerntypen. Viel wichtiger ist eine klare Struktur am Anfang des Lernprozesses, die die Vorkenntnisse des Lerners mobilisiert, die sinnvolle Verknüpfungen zwischen schon vorhandenem und neuem Wissen ermöglicht und die Prozesse des Verstehens anbahnt.[26] Wir halten „Belohnungen" im Sinne der Gamification deshalb vor allem in Kompetenzentwicklungsprozessen für nicht nützlich, insbesondere auch, weil sich dort die Motivation bereits aus der Lösung schwieriger Herausforderungen ergibt.

**Learning Analytics**

*Learning Analytics (LA)* speichert die Daten, die sich aus den individuellen Lernprozessen ergeben, führt sie zielgerichtet zusammen, analysiert, interpretiert und visualisiert die Ergebnisse mit dem Ziel, die Lernprozesse zu optimieren. Die Auswertungen werden nach Vorgabe des Lerners an Lernpartner, Lernbegleiter oder Führungskräfte weitergeleitet.[27]

Learning Analytics werden in naher Zukunft ein wesentliches Element von Kompetenzentwicklungssystemen sein, da sie die Kompetenzmessung um aktuelle Kennziffern zum Arbeitserfolg der Lerner ergänzen können.

**Soziale Kompetenzentwicklungs-Plattformen**

*Soziale Kompetenzentwicklungs-Plattformen* bieten eine kollaborative Lern-Infrastruktur, die formelles Lernen (Cooperative Learning) und informelles Lernen im Prozess der Arbeit (Collaborative Working) ermöglicht.

Kompetenzentwicklung setzt Arbeits- und Lernräume voraus, die insbesondere sozialkommunikative und kollaborative Lernaktivitäten ermöglichen. Soziale Kompetenzentwicklungs-Plattformen bilden diesen technologischen *Ermöglichungsrahmen* mit vielfältigen Instrumenten und Tools, die selbstorganisierte Kompetenzentwicklung der Lerner im Prozess der Arbeit und im Netz erst ermöglicht.

---

[26] Vgl. Wahl, D. (2011).

[27] In Anlehnung an Ebner, M; Neuhold,. B.; Schön, M. (2013).

## 2.2.5 Gemeinsame Merkmale zukunftsorientierter Lernkonzeptionen heute

Analysiert man die aktuellen, innovativen Lernkonzeptionen fällt auf, dass sie im Wesentlichen in eine Grundrichtung zeigen und viele Überschneidungen aufweisen. Wir haben aus der Analyse innovativer Lernansätze sieben zentrale Merkmale identifiziert, die diese Konzeptionen tendenziell kennzeichnen, auch wenn teilweise die Begriffe unterschiedlich genutzt werden (vgl. Abb. 2.5).

Lernkonzeptionen, die diesen Anforderungen gerecht werden, bereiten die Lerner bereits heute auf die Anforderungen zukünftiger trialer Lernprozesse mit humanoiden Computern vor.

| 1 | **Individuelle Kompetenzziele:** Zielformulierung durch die Lerner (evtl. in Abstimmung mit ihrer Führungskraft), orientiert an den strategischen Erfordernissen und dem gemeinsamen Werterahmen, auf Basis regelmäßiger Kompetenzmessungen. |
|---|---|
| 2 | **Kultur des selbstorganisierten Lernens ermöglichen:** Prozesse zur Veränderung der Lernkultur initiieren, Lernräume mit innovativen Lern- und Kommunikationsinstrumenten schaffen, die individuelles und organisationales Lernen fördern. |
| 3 | **Lernprozesse eigenverantwortlich planen und steuern:** Gestaltung der individuellen Lernprozesse durch die Mitarbeiter und Führungskräfte auf Basis regelmäßiger Rückmeldungen, evtl. Planungsinstrumente durch die Personalentwicklung. |
| 4 | **Wissensaufbau und Qualifizierung selbstorganisiert ermöglichen:** Formelles Lernen mit E-Learning und Blended Learning erfolgt bei Bedarf („on demand") weitgehend eigenverantwortlich durch die Lerner; Möglichkeiten zur Nutzung von Open Educational Resources. |
| 5 | **Kompetenzentwicklung in den Prozess der Arbeit integrieren:** Selbstorganisierter Kompetenzaufbau im Prozess der Arbeit und im Führungsprozess, Aufbereitung von Erfahrungswissen durch die Mitarbeiter und Führungskräfte … |
| 6 | **Lernbegleitung durch Co-Coaching und Coaches:** Kompetenzaufbau in Lernpartnerschaften, in Teams und über Kollegiale Beratung; Coaching durch Lernbegleiter (E-Coaches) und Führungskräfte… |
| 7 | **Kompetenzentwicklung im Netz:** Kollaboratives Arbeiten und damit Lernen unter Nutzung von Social Software; Wert- und bedeutungsbezogene Kommunikation in sozialen Netzen; Reflexion und Dokumentation der eigenen Lernprozesse und –produkte, kompetenzorientiertes Wissensmanagement … |

**Abb. 2.5** Merkmale innovativer Lernkonzeptionen heute

# Lernen morgen 3

Mit dem verstärkten Einsatz humanoider Computer werden sich zahlreiche Arbeits-
profile dramatisch verändern. Manche Berufe werden ganz neu entstehen, manche
vollständig verschwinden. Zu den Kernmerkmalen dieser zukünftigen Computersysteme zählt die Lernfähigkeit bei verändertem Umfeld. In den meisten Einsatzge-
bieten werden Menschen und intelligente Maschinen dabei kooperieren. Es wird sich
langsam eine Arbeitsteilung zwischen Menschen und ihren intelligenten Assistenten
oder Lernpartnern herauskristallisieren, in der beide ihre jeweiligen Stärken ausspie-
len werden. Humanoide Computer werden dadurch z. B. zum Verstärker menschlicher Kreativität in Innovationsprozessen.[1]

Im Einzelnen werden sie durch die in Tab. 3.1 dargestellten Merkmale geprägt.

In einem Umfeld, das sich mit wachsender Geschwindigkeit weiterentwickelt,
beschäftigt uns selbstverständlich die Frage, wie die zukünftigen Lernkonzeptionen aussehen werden. Wenn die Leistungsfähigkeit der Computer so zunimmt, wie
uns die Experten vorhersagen, dann sind vollkommen neue Lernszenarien denkbar,
auf die wir uns bereits heute einstellen sollten. Insbesondere im Bereich der Lernkultur, aber auch der Kompetenzen der Gestalter und Begleiter von Lernprozessen,
sind grundlegende Veränderungen notwendig. Da diese Veränderungsprozesse viel
Zeit erfordern, sind wir der Überzeugung, dass es deshalb notwendig ist, bereits
heute über diese voraussichtlichen Trends nachzudenken und sich in diese Rich-
tung zu bewegen. Dies erfordert eine weiterentwickelte didaktisch-methodische
Planung der Lernsysteme, aber auch eine veränderte Konzeption der Lernbegleitung und -flankierung.

Wir gehen auf der Grundlage unserer bisherigen Analyse davon aus, dass die
Lernsysteme der Zukunft sich fundamental von den heutigen Lernsystemen unter

---

[1] In Anlehnung an BITKOM (2015), S. 9.

© Springer Fachmedien Wiesbaden 2015
J. Erpenbeck, W. Sauter, *Kompetenzentwicklung mit humanoiden Computern,*
essentials, DOI 10.1007/978-3-658-09935-0_3

**Tab. 3.1** Kriterien für humanoide Computer. (In Anlehnung an BITKOM (2015), S. 9ff.)

| Kriterium | Erläuterung |
| --- | --- |
| Adaptivität | Lernen, wenn sich Information, Ziele und Anforderungen ändern |
| | Mehrdeutigkeit auflösen und Unsicherheit tolerieren und Daten in Echtzeit oder nahezu Echtzeit verarbeiten |
| Interaktivität | Einfach mit Benutzern interagieren, sodass diese ihre Bedürfnisse komfortabel formulieren können |
| | Mit anderen Prozessoren, Geräten und Cloud-Diensten sowie mit anderen Menschen interagieren |
| Iterativität | Helfen beim Definieren und Präzisieren eines Problems durch Nachfragen oder Finden zusätzlicher Quellen, falls eine Problembeschreibung mehrdeutig oder unvollständig ist |
| | Sich an frühere Interaktionen in einem Prozess erinnern und Information zurückgeben, die für eine bestimmte Anwendung und zu einem gegebenen Zeitpunkt geeignet ist. Dabei werden auch emotionale Aspekte von Entscheidungen in der Vergangenheit in Rückmeldung mit einbezogen |
| Kontextualiät | Verstehen, Identifizieren und Extrahieren kontextueller Elemente wie Bedeutung, Syntax, Zeit, Ort, passende Domäne, Regularien, Benutzerprofile, Prozesse, Aufgaben und Ziele |
| | Schlüsse ziehen aus vielen Informationsquellen, sowohl strukturierter wie unstrukturierter digitaler Information als auch von Sensordaten (visuell, gestisch, auditiv) |

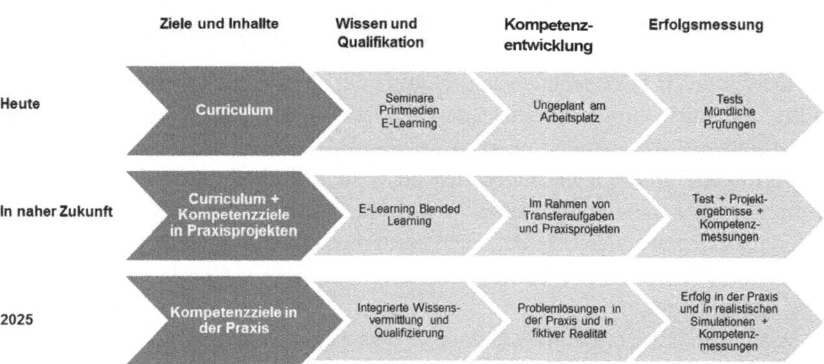


**Abb. 3.1** Trends in der betrieblichen Bildung

scheiden werden. Dies schlägt sich insbesondere in den in Abb. 3.1 dargestellten Bereichen nieder.

Vor allem folgende Aspekte prägen die Lernkonzeptionen in den unterschiedlichen Entwicklungsstufen:

- **Lernen heute**: Das Wissen wird meist in vorgegebenen Curricula definiert. Es wird überwiegend wertfreies (Standard-)Wissen in Seminaren oder mit Studienbriefen bzw. E-Learning in Verbindung mit Tests und Zertifikaten vermittelt. Ein Transfer in die Praxis findet ungeplant statt, sofern sich die Gelegenheit ergibt, z. B. wenn der Lerner auf Arbeitskollegen trifft, die seine Kompetenzentwicklung aktiv fördern. Häufig gibt es keinen Transfer in die Praxis. Die Lernprozesse sind in hohem Maße fremdgesteuert, informelles Lernen ist im Regelfall nicht in die Lernkonzeption eingebunden. Einzellernen ist weit verbreitet, Lernpartnerschaften entstehen eher zufällig.
- **Lernen in naher Zukunft**: Die Lernkonzeptionen werden weiter durch Wissens- und Qualifikationsziele bestimmt, jedoch erweitert um individuelle Kompetenzziele, die in Transferaufgaben oder in Praxisprojekten erreicht werden sollen. Die Lernkonzeption umfasst damit auch informelles Lernen in Anwendungsbereichen, die vorab mit der Führungskraft oder dem Trainer abgestimmt wurden. Dabei wird der wertfreie Wissensaufbau in Blended Learning Arrangements mit praxis- und projektorientiertem Lernen zum Aufbau von wertbeladenem Erfahrungswissen kombiniert. Die Lernprozesse sind weiterhin teilweise fremdgesteuert, werden aber durch selbstorganisierte Phasen der Wissenserarbeitung und Kompetenz-Lernphasen ergänzt. Eine zentrale Rolle in den selbstorganisierten Qualifikations- und Kompetenzentwicklungsprozessen bilden menschliche Lernpartnerschaften, die systematisch in die Lernkonzeptionen eingebunden werden. Das Erfahrungswissen wird in Erfa-Kreisen und vereinzelt mit Social Software in Communities of Practice ausgetauscht und gemeinsam weiter verarbeitet.
- **Lernen 2025**: Die Lernprozesse werden in erster Linie durch aktuelle Praxisprobleme oder Projektaufträge bestimmt, die die Lerner mithilfe des Lernpartners Computer und menschlicher Lernpartner selbstorganisiert lösen. Im Rahmen fiktiver Realitäten können auch geplante Kompetenz-Lernprozesse initiiert werden, da die Lerner in diesen Spielsituationen nicht mehr zwischen Fiktion und Realität unterscheiden. Die Lerner planen und organisieren ihre Lernprozesse selbst. Jeder definiert seine PLE – Persönliches Learning Environment – einschließlich seines E-Portfolios. In der PLE werden alle Elemente seines individuellen Lernsystems gebündelt. Die Lerner reflektieren ihre persönlichen Kompetenzen aus strategischer, ganzheitlicher Sicht. Daraus leiten sie, evtl. in Abstimmung mit ihrer Führungskraft, persönliche Kompetenzziele ab.

Im Einzelnen gehen wir von den in Tab. 3.2 dargestellten schrittweisen Veränderungen in den kommenden Jahren aus, die in den verschiedenen Unternehmen unterschiedlich rasch ablaufen werden.[2]

Damit wir die Lerner auf die grundlegend veränderten Anforderungen im zukünftigen Kompetenzwettbewerb zielgerecht vorbereiten können, benötigen wir bereits heute in allen Bereichen des Lernens eine Revolution.

**Tab. 3.2**  Trends in der betrieblichen Bildung

| Bereich | Lernen heute – Wissensaufbau und Qualifizierung | Lernen in naher Zukunft – Qualifizierung und Kompetenzentwicklung in Praxisprojekten | Lernen 2025 – Triale Kompetenzentwicklung mit Human Computer |
|---|---|---|---|
| *Wissensaufbau* | • Starres, zentral vorgegebenes Curriculum<br>• Web Based Trainings mit standardisierten Aufgaben<br>• Der Lernerfolg wird überwiegend mit Tests und in Prüfungen gemessen<br>• Trainer und E-Tutoren vermitteln zusätzliches Wissen | • Starres, zentral vorgegebenes Curriculum und individuelle Wissensziele im Rahmen der projektbezogenen Kompetenzziele<br>• Zunehmend kürzere, modularisierte Web Based Trainings (Micro-Learning) mit standardisierten Aufgaben in Verbindung mit Transferaufgaben und Projektaufträgen, die in der Learning Community kollaborativ bearbeitet werden<br>• Wissen aus Open Resources<br>• Wissensaufbau mit Tandempartnern<br>• Wissensaufbau im Netz<br>• Trainer und E-Coaches vermitteln zusätzliches Wissen | • Individuelle Wissensziele im Rahmen der Kompetenzziele, die sich aus den Herausforderungen in der Praxis ergeben<br>• Geplanter Wissensaufbau im Rahmen einer fiktiven Realität mit Simulationen<br>• Meist kurze Web Based Trainings mit aktuellen Problemstellungen aus der Praxis der Lerner, die mithilfe des semantischen Lernsystems gelöst werden (Learning on Demand)<br>• Wissensaufbau im Netz<br>• Wissensaufbau mit Tandempartnern auf einer höheren Ebene mithilfe des Lernpartners Computer<br>• Bewertung von wertbeladenem Wissen im Rahmen des E-Mentoring |

---

[2] Vgl. Erpenbeck; Sauter (2013), S. 3 ff.

**Tab. 3.2** (Fortsetzung)

| Bereich | Lernen heute – Wissensaufbau und Qualifizierung | Lernen in naher Zukunft – Qualifizierung und Kompetenzentwicklung in Praxisprojekten | Lernen 2025 – Triale Kompetenzentwicklung mit Human Computer |
|---|---|---|---|
| *Qualifizierung* | <ul><li>Übungen</li><li>Fallstudien</li><li>Rollenspiele</li><li>Planspiele</li><li>Standardisierte Rückmeldungen aus den WBT</li><li>Rückmeldungen durch Trainer, E-Tutor und in der Learning Community</li></ul> | <ul><li>Übungen</li><li>Fallstudien</li><li>Rollenspiele</li><li>Planspiele</li><li>(Digital) Game Based Learning</li><li>Standardisierte Rückmeldungen aus den WBT</li><li>Bearbeitung von Reflexionen und offenen Aufgaben (Freitextaufgaben) in der Learning Community</li><li>E-Coaching durch die Lernbegleiter</li></ul> | <ul><li>Bearbeitung von *repräsentativen Problemstellungen* mittels E-Learning; der Human Computer macht bei Bedarf spontan Angebote für Lösungen</li><li>Er analysiert und bewertet Problemlösungen, die von den Lernern entwickelt wurden</li><li>Austausch mit dem menschlichen Lernpartner zur Bewertung von Lösungen und zur Entscheidung *Wissensaufbau und Qualifizierung werden integraler Bestandteil der Kompetenzentwicklung*</li></ul> |
| *Kompetenzmessung und -entwicklung* | <ul><li>Keine systematische Integration der Kompetenzentwicklung, in die Lernsysteme</li><li>Keine systematische Definition von Kompetenzzielen</li><li>Eher zufällig, in Eigenverantwortung der Lerner in der betrieblichen Praxis, z. B. mit Kollegen</li></ul> | <ul><li>Regelmäßige Kompetenzmessung</li><li>Definition individueller Kompetenzziele für abgegrenzte Bereiche, z. B. für Praxisprojekte</li><li>Selbstorganisierte Lernprozesse in der Praxis im Rahmen von Transferaufgaben und Praxisprojekten</li></ul> | <ul><li>Integrierte Kompetenzmessung</li><li>Integration von *„echten", individuellen Problemstellungen* aus der Praxis der Lerner in die Lernsysteme</li><li>Definition individueller Kompetenzziele für die Praxis</li></ul> |

**Tab. 3.2** (Fortsetzung)

| Bereich | Lernen heute – Wissensaufbau und Qualifizierung | Lernen in naher Zukunft – Qualifizierung und Kompetenzentwicklung in Praxisprojekten | Lernen 2025 – Triale Kompetenzentwicklung mit Human Computer |
|---|---|---|---|
| | | • Unterstützung durch die Lernpartner („Co-Coaching") und Lerngruppen<br>• Bearbeitung von Reflexionen und Transferaufgaben im E-Portfolio und in der Learning Community<br>• Austausch und Weiterentwicklung von Erfahrungswissen aus Praxisprojekten über Lerntagebücher im E-Portfolio und in der Community of Practice<br>• Coaching durch die Führungskraft,<br>• E-Coaching durch den Lernbegleiter | • Emotional basierte Labilisierung, indem aus spielerischen Simulationen Realität wird (Beispiel Callcenter Training mit einzelnen, realen Kunden, ohne dass der Lerner weiß, ob er es mit realen Kunden zu tun hat)<br>• Der Lernpartner Computer macht bei Bedarf spontan Angebote für Lösungen<br>• Er analysiert und bewertet Problemlösungen, die von den Lernern entwickelt wurden<br>• Der Human Computer überprüft auch vergangene Problemlösungen unter dem Aspekt, was, z. B. aufgrund neuer Entwicklungen zukünftig besser gemacht werden kann<br>• Austausch mit menschlichen Lernpartnern zur persönlichen Bewertung und Entscheidung mithilfe der Auswertungen und Vorschläge des Lernpartners Computer<br>• Aufbau eines gemeinsamen Wertesystems von Lerner und Human Computer, das sich aus der Analyse bisheriger Problemlösungen herleitet. Damit entwickelt sich im Laufe der Zeit eine individuelle Lernpartnerschaft mit dem Human Computer |

**Tab. 3.2** (Fortsetzung)

| Bereich | Lernen heute – Wissensaufbau und Qualifizierung | Lernen in naher Zukunft – Qualifizierung und Kompetenzentwicklung in Praxisprojekten | Lernen 2025 – Triale Kompetenzentwicklung mit Human Computer |
|---|---|---|---|
| *Messung des Lernerfolges* | <ul><li>Wissenstests, Aufgaben bzw. Fallstudien, die gelöst werden</li><li>Prüfungsgespräche und Präsentationen</li><li>Spontane Kompetenzbewertung oder Einschätzung im Rahmen der Beurteilungssysteme („Jahresgespräche")</li></ul> | <ul><li>Wissenstests und Aufgaben bzw. Fallstudien, die gelöst werden</li><li>Präsentationen und Diskussionen über Lösungsvorschläge</li><li>Projektergebnisse</li><li>Kompetenzmessungen im Rahmen der Projekte</li><li>Learning Analytics</li></ul> | <ul><li>Erfolg in der Praxis (z. B. mittels Kennziffern)</li><li>Peer-to-Peer-Bewertung der Ausarbeitungen</li><li>Regelmäßige Kompetenzmessungen in der Praxis</li><li>Learning Value Management</li></ul> |
| *Organisation und Steuerung der Lernprozesse* | <ul><li>Organisation durch die zentrale Personalentwicklung und Trainer/Tutoren</li><li>Fremdsteuerung in Seminaren oder mittels E-Learning</li><li>Selbstgesteuertes Lernen im Rahmen vorgegebener Arbeitsaufträge, Übungen etc.</li></ul> | <ul><li>Organisation durch die zentrale Personalentwicklung und Trainer/Tutoren</li><li>Im Rahmen von Projekten durch die Lerner selbst in Abstimmung mit ihren Führungskräften</li><li>Selbstgesteuerte Wissenserarbeitung und Qualifizierung mittels E-Learning und Blended Learning</li><li>Selbstorganisiertes Lernen in Praxisanwendungen und -projekten, meist in Absprache mit dem Trainer oder der Führungskraft</li></ul> | <ul><li>Organisation durch den Lerner auf Basis der Vorschläge des Lernpartners Computer, innerhalb eines gemeinsamen, vorgegebenen *Werterahmens*, der von den Lernern durch ihre Lösungen und Entscheidungen individuell konkretisiert wird</li><li>Selbstorganisierte Lernprozesse im Rahmen der strategieorientierten Zielvereinbarungen mit der Führungskraft</li><li>Die *Lernsteuerung* wird durch den Lernpartner Computer optimiert</li><li>Mithilfe der *Semantik* werden die Inhalte nach ihrer Bedeutung für den Lernprozess strukturiert und zur Verfügung gestellt</li></ul> |

**Tab. 3.2** (Fortsetzung)

| Bereich | Lernen heute – Wissensaufbau und Qualifizierung | Lernen in naher Zukunft – Qualifizierung und Kompetenzentwicklung in Praxisprojekten | Lernen 2025 – Triale Kompetenzentwicklung mit Human Computer |
|---|---|---|---|
| | | | • Der Human Computer beschafft auch unaufgefordert Material, unter Nutzung von *Open Resources (MOOC-Struktur)*, die für die Lernprozesse des Lerners relevant sind<br>• *„intelligentes"* E-Portfolio, d. h. das System speichert für jeden einzelnen Lerner seine individuellen Lernprozesse und bringt die Lernerfahrungen in ein System nach der Bedeutung für den Lerner |
| *Flankierung der Lernprozesse* | Durch *KOPING* mit<br>• Trainer und E-Tutor<br>• Tandempartner<br>• Lerngruppe<br>• Schutzschilde des Trainers im Sinne von Vorausdenken | Durch *KOPING* mit<br>• Trainer und E-Coach<br>• Tandempartner<br>• Lerngruppe<br>• Führungskraft als E-Coach in den Praxisprojekten<br>• Persönliche Schutzschilde des Lerners | Durch *Co-Coaching* mit<br>• E-Mentor<br>• Tandempartner<br>• Netzwerk-Partner (Co-Coaching)<br>• Führungskraft als E-Mentor in den Praxisprojekten<br>• Lernpartner Computer (Co-Coaching), der emotional herausfordernde Situationen analysiert und bewertet und entsprechende Handlungshinweise im Rahmen des Wertesystems gibt<br>• Persönliche Schutzschilde des Lerners in Verbindung mit Schutzschilden des Lernpartners Computer |

**Tab. 3.2** (Fortsetzung)

| Bereich | Lernen heute – Wissensaufbau und Qualifizierung | Lernen in naher Zukunft – Qualifizierung und Kompetenzentwicklung in Praxisprojekten | Lernen 2025 – Triale Kompetenzentwicklung mit Human Computer |
|---|---|---|---|
| *Lernbegleiter* | • Trainer<br>• E-Tutor<br>• Evtl. Coach in der Praxis (ohne systematische Einbindung in das Lernsystem) | • Trainer und Moderator<br>• Tandempartner<br>• Lerngruppen<br>• E-Coach<br>• Evtl. Projektcoach<br>• Evtl. Ausbilder oder Coach in der Praxis (ohne systematische Einbindung in das Lernsystem) | • Moderator in Präsenzveranstaltungen<br>• Lernpartner Computer in Verbindung mit dem menschlichen Tandempartner<br>• Netzwerk-Partner über Gruppenbildungen und soziales Lernen zu bestimmten Problemstellungen<br>• E-Mentor |
| *Lern-Infrastruktur* | *Learning Management System – LMS* | *Soziale Lernplattformen* | *Personal Learning Environment – PLE* |
| | • Kursorganisation<br>• Web Based Trainings und Lerndokumente<br>• Teilweise Lernspiele, Planspiele etc.<br>• Tests und Zertifikate | • Kursorganisation<br>• Web Based Trainings und Lerndokumente<br>• Teilweise Lernspiele Planspiele etc.<br>• Tests und Zertifikate | • Persönliche, Cloud-basierte Lernlandschaft jedes Lerners mit semantischen Systemen, die er selbst, mit individueller Lernorganisation und persönlichen, proaktiven Lernvorschlägen durch den Lernpartner Computer gestaltet<br>• Vernetzung mit Lernpartnern und sozialen Netzwerken<br>• Kompetenzorientiertes Wissensmanagement mit semantischen Systemen:<br>– Wissensdatenbank |

**Tab. 3.2** (Fortsetzung)

| Bereich | Lernen heute – Wissensaufbau und Qualifizierung | Lernen in naher Zukunft – Qualifizierung und Kompetenzentwicklung in Praxisprojekten | Lernen 2025 – Triale Kompetenzentwicklung mit Human Computer |
|---|---|---|---|
| | • Vor allem Kommunikationsinstrumente des Web 1.0 (z. B. Foren, Chats), teilweise des Web 2.0 (Social Software) | • Kommunikationsinstrumente des Web 1.0 und des Web 2.0 (z. B. Blogs, Wikis)<br>• Teilweise Nutzung von Open Resources<br>• Teilweise Kompetenzmesssysteme<br>• Teilweise E-Portfolio | – Open Resources<br>– Erfahrungswissen der Lerner<br>– Web Based Trainings<br>– Realitätsgleiche Simulationen („Fiktive Realität")<br>• Kommunikations-instrumente im Netz (Web 2.0, 3.0… Instrumente)<br>• Kompetenzmesssysteme<br>• „Intelligentes" E-Portfolio<br>• Learning Analytics<br>• Mobile Learning Tools<br>• Simulationen („Fiktive Realität")<br>• Autorentool (Course builder) |

# Literatur


Arnold R (2013) Ermöglichen. Texte zur Kompetenzreifung. Schneider, Hohengehren

Baethke-Kinsky V, Döbert H (2010) Lernen ganzheitlich erfassen – Wie lebenslanges und lebenswertes Lernen in einem kommunalen Lernreport dargestellt werden kann. Kommunaler Lernreport der Bertelsmann Stiftung, Göttingen

Baumgartner P (2013) Micro-Learning. Vier didaktische Herausforderungen. http://peter.baumgartner.name/2013/06/23/microlearning-vier-didaktische-herausforderungen/am. Zugegriffen: 12. Nov. 2014

Bergamin P, Filk C (2012) Open Educational Resources (OER) – Ein didaktischer Kulturwechsel? http://www.ifel.ch/de/publikationen/OER-Bergamin_Filk.pdf. S 25–38

Bertelsmann SS (2011) Zukunft durch Wissen – Deutschland will's wissen. Berlin

BITKOM (2013) Vom E-Learning zur Learning Solutions – Positionspapier AK Learning-Solutions. Berlin

BITKOM (2015) Kognitive Maschinen – Meilensteine in der Wissensarbeit (Leitfaden). Berlin

Blaschitz E, Brandhofer G, Nosko C, Schwed G (Hrsg) (2012) Zukunft des Lernens: Wie digitale Medien Schule, Aus- und Weiterbildung verändern. Hülsbusch, Glückstadt, S 219–244

BMBF (2013) Dossier zum demographischen Wandel. Berlin

Bremer C, Thillosen A (2013) Der deutschsprachige Open Online Course OPCO12. In: Bremer C, Krömker D (Hrsg) Learning zwischen Vision und Alltag. Zum Stand der Dinge, Medien in der Wissenschaft, Bd 64. Waxmann Münster, New York. http://www.waxmann.com/?eID=texte&pdf=2953Volltext.pdf&typ=zusatztext. Zugegriffen: 25. Aug. 2013

Buhse W, Stamer S (Hrsg) (2008) Die Kunst loszulassen. Enterprise 2.0. Rhombos, Berlin

Conradi C, Evans N, Valk A (Hrsg) (2006) Recognising experiental learning. Practices in European Universities. Tartu University Press, Tartu

Cross J (2010) Working smarter through workscaping, S 42. In: Cross J (Hrsg) (2012) Learning is business. http://www.internettime.com/wp-content/uploads/2012/07/Learning-is-Business.pdf. Zugegriffen: 16. Mai 2013

Cross J (2012) Why corporate training is broken and how to fix it. http://www.internettime.com/2012/07/why-corporate-training-is-broken-and-how-to-fix-it/. Zugegriffen: 15. Mai 2013



© Springer Fachmedien Wiesbaden 2015
J. Erpenbeck, W. Sauter, *Kompetenzentwicklung mit humanoiden Computern,* essentials, DOI 10.1007/978-3-658-09935-0

Ebner M, Neuhold B, Schön M (2013) Learning Analytics – wie Datenanalyse helfen kann, das Lernen gezielt zu verbessern. In: Hohenstein A, Wilbers K (Hrsg) Handbuch E-Learning. Deutscher Wirtschaftsdienst, München (3.24)

Eisfeld-Reschke J, Kretschmer L-MM, Narr K (2013) Digitale Kollaboration im Kontext des Lernen – Voraussetzungen, Herausforderungen und Nutzen, S 60–66. In: Ludwig L, Narr K, Frank S, Staemmler D (Hrsg) Lernen in der digitalen Gesellschaft – offen, vernetzt, integrativ. Abschlussbericht April 2013. Eine Publikation des Internet & Gesellschaft Co:llaboratory e. V. http://dl.collaboratory.de/reports/Ini7_Lernen.pdf. Zugegriffen: 13. April 2013

Elkana Y, Klöpper H (2012) Die Universität im 21. Jahrhundert. Für eine neue Einheit von Forschung, Lehre und Gesellschaft. Edition Körber-Stiftung, Hamburg

Erpenbeck J, Sauter W (2007) Kompetenzentwicklung im Netz – New Blended Learning mit Web 2.0. Luchterhand, Köln

Erpenbeck J, Sauter W (2013) So werden wir lernen! – Kompetenzentwicklung in einer Welt fühlender Computer, kluger Wolken und sinnsuchender Netze. Springer Gabler, Berlin

Faix W, Horne A, Auer M (2012) Das Projekt-Kompetenz-Studium der Steinbeis Hochschule Berlin. In: Festschrift Prof. Dr. John Erpenbeck zum 70. Steinbeis University Stuttgart, Geburtstag, S 387–424

Frohberg D (2008) Mobile Learning, Zürich. http://www.ifi.uzh.ch/pax/uploads/pdf/publication/1230/m-learning_frohberg_komprimiert.pdf. Zugegriffen: 20. Sept. 2012

Gruber TR (1993) A translation approach to portable ontologies. Knowl Acquis 5(2):199–220 (Elsevier B.V.)

Günther J (2007) Digital natives and digital immigrants. Gabler, Innsbruck

Hart J (2011) 5-stages-of-workplace-learning-revisited/5 Stages of Workplace Learning (Revisited). http://www.c4lpt.co.uk/blog/2011/12/06/. Zugegriffen: 17. Mai 2012

Hitzler P, Krötzsch M, Rudolph S, Sure Y (2008) Semantic web. Springer, Berlin

Hohberg A (2012) Das Ende der Betriebsseminare. Hum Resour Manage 4(2012):80–82

Hoskins B, Cartwright F, Schoof U (2010) European Lifelong Learning Indicators (ELLI). Bertelsmann Stiftung, Bielefeld

Hüther G (2009) Ohne Gefühl geht gar nichts! Worauf es beim Lernen ankommt. DVD. Auditorium Netzwerk, Mühlheim

Jennings C (2013) 70:20:10. http://blog.wissen-im-unternehmen.de/fundstuck-der-woche-die-702010-regel-im-corporate-learning/. Zugegriffen: 16. Mai 2013

Jeffery M (2000) The human computer. Plenum, New York

Kerres M, Heinen R, Stratmann J (2012) Schulische IT-Infrastrukturen: Aktuelle Trends und ihre Implikationen für Schulentwicklung. In: Schulz-Zander R et al (Hrsg) Jahrbuch Medienpädagogik 9. VS für Sozialwissenschaften, Wiesbaden

Kienbaum (2013) Entwicklung der Generation Y. Von Gamification & Multi Generation Development, Präsentation im Rahmen der ZeitAkademie am 5 Juni 2013. Hamburg

Kirkpatrick DL, Kirkpatrick JD (2012) Evaluation trainings programs. The four levels, 3. Aufl. Berrett-Koehler, San Francisco

Livingstone D (1999) Informelles Lernen in der Wissensgesellschaft. Erste kanadische Erhebung über informelles Lernverhalten. In: QUEM-Report Heft 60 (Hrsg) Kompetenz für Europa. Wandel durch Lernen – Lernen durch Wandel. Referate auf dem internationalen Fachkongress 21.–23. April 1999 in Berlin, S 65–91. http://www.abwf.de/content/main/publik/report/1999/Report-60.pdf. Zugegriffen: 2. Feb. 2012

McAfee A (2010) Eine Definition von Enterprise 2.0, S 18–35. In: Buhse W, Stamer S (Hrsg) Die Kunst Loszulassen. Enterprise 2.0, 3. Aufl. Rhombos, Berlin

Meeker M, Wu L (2013) Internet Trends D11 Conference 5/29/2013 – KPCB. http://de.slideshare.net/kleinerperkins/kpcb-internet-trends-2013. Zugegriffen: 10. Juni 2013

Meier C, Seufert S (2012) scil Whitepaper – Social Business Learning – Antriebskräfte – Potenziale – Umsetzung. scil, St.Gallen

MMB-Institut E-Paper (2012) Dann gibt es eine App dafür. Neue Geschäftsmodelle für das mobile Lernen, MMB Essen

Morris CW (1938) Foundation of the theory of signs. University of Chicago, Chicago

O'Malley C, Vavoula G, Glew JP, Taylor J, Sharples M (2005) Guidelines for Learning/Teaching/Tutoring in a Mobile Environment. Retrieved 7. Juli 2009. http://www.mobilearn.org/download/results/public_deliverables/MOBIlearn_D4.1_Final.pdf. Zugegriffen: 4. Aug. 2012

Radar Networks & Nova Spivack (2007) www.radarnetworks.com

Reuther U (2007) Der Programmbereich „Lernen im Prozess der Arbeit". In: QUEM (Hrsg) Kompetenzentwicklung 2006. Das Forschungs- und Entwicklungsprogramm „Lernkultur Kompetenzentwicklung" – Ergebnisse – Erfahrungen – Einsichten. Waxmann, Münster, S 87–152

Robes J (2012a) Massive Open Online Courses: Das Potenzial des offenen und vernetzten Lernens. In: Hohenstein A, Wilbers K (Hrsg) Handbuch E-Learning. Deutscher Wirtschaftsdienst, Köln. (Beitrag 7.22)

Robes J (2012b) Social learning. www.didacta-magazin.de http://www.didacta-magazin.de 3/2012

Sauter SM, Sauter W (2014) Workplace Learning. Integrierte Kompetenzentwicklung mit kooperativen und kollaborativen Lernsystemen. Springer Gabler, Berlin

Scheibner A (2002) The human computer. Writers Club, New York

Scherfer K (Hrsg) (2008) Semantische Relationen in Dokumentationssprachen – vom Thesaurus zum semantischen Netz. FH Köln. http://www.fbi.fh-koeln.de/institut/papers/kabi/volltexte/band054.pdf. Zugegriffen: 12. Jan. 2015

Senge P (2011) Die fünfte Disziplin – Kunst und Praxis der lernenden Organisation), 11. Aufl. Klett-Cotta, Stuttgart

Son L, Weber W (2011) Game-based Learning – Spielend Lernen? In: Schön S, Ebner M (Hrsg) Lehrbuch für Lernen und Lehren mit Technologien. http://l3t.eu/homepage/. Zugegriffen: 20. Feb. 2015

Stoller-Schai D (2003) E-Collaboration – Die Gestaltung internetgestützter kollaborativer Handlungsfelder. Difo Druck GmbH, Bamberg

Stoller-Schai D (2010) Mobiles Lernen. Die Langform des Homo mobiles. In: Wilbers K, Hohenstein A (Hrsg) Handbuch E-Learning. Deutscher Wirtschaftsdienst, Köln (32. Erg.-Lag. April 2010)

Tapscott D (2010) Mit Enterprise 2.0 gewinnen, S 123-148. In: Buhse W, Stamer S (Hrsg) Die Kunst Loszulassen. Enterprise 2.0, 18. Aufl. Rhombos, Berlin

Tenberg R, Hess B (2005) Auseinandersetzung mit Kompetenzen in der Wirtschaft: Explorative Untersuchung über ‚Kompetenzmanagement' an 14 deutschen Großbetrieben. In: Tramm T, Brand W (Hrsg) Prüfungen und Standards in der beruflichen Bildung. Berufs- und Wirtschaftspädagogik, S 201–209 (Ausgabe 8/Juli 2005)

Trost A, Jenewein W (Hrsg) (2012) Personalentwicklung 2.0. Lernen, Wissensaustausch und Talentförderung der nächsten Generation. Luchterhand, Köln

Uckelmann D, Harrison M, Michahelles F (2011) An architectural approach towards the future internet of things. In: Uckelmann D, Harrison M, Michahelles F (Hrsg) Architecting the internet of things. Springer, Berlin

Vollmers F (2009) Parlieren geht über Studieren. FAZ, 31. Januar/1. Februar 2009, S C6

Wagner M (2009) Eine Theorie des Digital Game Based Learning, Computer Game Studies. http://www.gamestudies.Abgerufenunterat/2009/01/eine-theorie-des-digital-game-basedlearning-teil-1-vorbemerkungen-und-begriffsdefinitionen.html. Zugeggriffen: 3. Sept. 2012

Wirtz BW (2011) Medien- und Internetmanagement, 7. Aufl. Gabler, Wiesbaden

Witt C (2013) Vom E-Learning zum Mobile Learning – wie Smartphones und Tablet PCs Lernen und Arbeit verbinden. In: Witt C, Sieber A (Hrsg) Mobile Learning – Potenziale, Einsatzszenarien und Perspektiven des Lernens mit mobilen Endgeräten. Springer, Berlin, S 13–26